新編 生命の實相 第59巻

幸福篇

日輪めぐる

上

谷口雅春

Masaharu Taniguchi

光明思想社

編者はしがき

本篇『幸福篇　日輪めぐる』上・中・下三巻は、後年、〝三百六十五章シリーズ〟と呼ばれる聖典群の出発点に当たる著作である。

なぜ、谷口雅春先生は、〝三百六十五章シリーズ〟を執筆されたのであろうか。その答えは、本書「はしがき」に明記されている。

「本書は地上に真に幸福なる天国浄土を現実にせんがために必要なる真理を、日記の形で、毎日一章を読むことによって読者の潜在意識に深く印象せんがために書かれたる新天新地の言葉である。

真理と共に歩む者は常に新しき生命を生きるのである。神は無限の愛であり、善であり、赦《ゆる》しであるから神につながるものは過去の一切の罪は悉《ことごと》く浄められて、常にその生命が新生するのである。徒《いたず》らなる過去のなげきや悲しみに捉《とら》われることなく、今我らは愛と赦《ゆる》しとによって新生し、新しき日々を迎えるべきである。諸君はこの書をよんで神の愛に照らされて新生するとき、過去にありし一切の人々の悪、諸君に対する敵意、すべての屈辱・侵害・憎悪等、悉《ことごと》く消え去ってしまうであろう」

我々は常に神の智慧《ちえ》に包まれている、常に神の愛に包まれている、常に神の生命に包まれている、常に神の供給に包まれている、常に神の悦びに包まれている、常に神の調和に包まれている。

我々は、常に、どんなときにも、神とともにおり、そして神に守られている。一時《いっとき》も神から離れることはない、これが人間の本当の姿である。そのように谷口雅春先生は説き続けて来られた。

しかし、人間はそのことを忘れ、この世はつらい、悲しい、苦しい、自分の力ではどうにもならぬとあきらめ、失意のうちに沈んでいく。そのとき、谷口雅春先生は救いの光を我々悩める人間に照射する。その光こそが『生命の實相』である。その真理の言葉を浴びて我々は思い出すのである。「私は神の子であった。神より生まれた神の子であった。既に救われている身であった。すでに我が身は肉の身ではなく、神の身そのものであった。私に不幸は来たらず、病《やまい》は来たらず、失敗は来たらず、迷いも来たらず、ただ神の造り給《たま》うた実相世界に遊ぶのだ」と。

自分が神の子であることを思い出し、万能の神の力を受け継いだ神の子であると思い出した人間は、新たに真理を持してこの世の人生を送ろうと決意する。この決意を谷口雅春先生は「諸君は本書とともに新しき世界に新生するであろう」(「はしがき」)と祝福されたのである。そして、この決意を忘れることなく、何時《なんどき》も思い出すよう我々に贈ってくださったものが、一日に一回は読むべきとする「神の御言葉」即ち「三百六十五日分の毎日の真理の言葉」即ち本書である。

だから、本書は毎日、我々が生まれ変わるための「新生の書」とでも言うべき本である。

本篇は一月一日から十二月三十一日までの毎日の「真理の言葉」が綴《つづ》られている。本書上巻は四月三十日までであるが、きわめて具体的な日常生活にありがちな「心のあり方」が取り上げられている。


「**一月四日**　何よりも大切なのは、先ず自分の家庭を天国とする術《すべ》である。それが出来なければ人間生活の土台が完成したとはいえぬ。先ず手近にある家族を愛せよ。そこから天国が生れて来るのである。吾々《われわれ》は天国とはどこか遠い国にあるように思い、幸福とはどこか外《ほか》のところにあるように思っていたが、脚下《あしもと》にあるのである。

先ず、朝起きたとき、すべての家族たちに優しい言葉を、朗《ほが》らかな韻《ひびき》のある語調で投げかけよ。これが第一家庭を幸福な天国にする秘訣である。気がついたら今日からそれを始めよう」(七～八頁)

「**二月一日**　人に逢《お》うて何かなつかしく、いつまでもその人と話していたいと思える人と、そうでない人とがある。

眼の光のなごやかな人と、鋭い人と、温い人と、冷い人と、何となく凄《すご》い人と、狡《ずる》そうに見える人と、人間にも色々あるものだ。

ひらいた心の人でないと明るい眼の人にはなれるものではない。幼《おさ》な児《ご》の眼が澄んで清らかなのは、幼な児の心は打ち開いた澄んだ天空海濶《てんくうかいかつ》の心をしているからである。幼《おさ》な児《ご》でも虐《しいた》げられている継児《ままこ》は清らかな眼はしていない。

濁《にご》りに染まない幼児《おさなご》の眼のような心になりたいものだ」（四四頁）

「**四月九日**　何だか利用されているような気がするときに、腹立つ人と、つまらなく感ずる人と、喜べる人とがある。

イエスは『わが来《きた》れるは人に役《つか》われんがためなり』といった。彼は利用されることを喜びに感ずる人であったのである。

利用されること多きものほど尊ばれる。利用する道の無くなったものを廃物という」（一三六～一三七頁）

また、これら「横の真理」である「心の法則」を述べた箇所の他にも、「縦の真理」

である「神」と「実相」の奥義についても述べられている。

「一月十四日　人間は死なぬというのが生長の家の教えである。それは実に生死を超越した『実相の本来生《ほんらいしょう》』なのである。生滅《しょうめつ》は仮りの相《すがた》である。『肉体は本来無い』と説いているのが生長の家の教えである。『無い』ものには死にようがないのである。『肉体は無い、人間は本来生《ほんらいしょう》であるから死なぬ』と説くのである。吾《われ》ら『久遠生命《くおんせいめい》』と説くといえども、『死ぬな』ではない、『死なぬ』である。死にようがない自覚である。ここに無限の勇気が湧く」（二〇～二一頁）

谷口雅春先生の教えは、この「縦」と「横」の「真理」が交叉するところに完成し、その自覚が深まるにつれて、現象界に驚くべき光明が降り注ぐだろう。是非、読者諸賢の心に神の光明が注がれんことを。

令和五年九月吉日

谷口雅春著作編纂委員会

はしがき

本書《ほんしょ》は地上《ちじょう》に真《しん》に幸福《こうふく》なる天国浄土《てんごくじょうど》を現実《げんじつ》にせんがために必要《ひつよう》なる真理《しんり》を、日記《にっき》の形《かたち》で、毎日《まいにち》一章《しょう》を読むことによって読者《とくしゃ》の潜在意識《せんざいいしき》に深く印象《いんしょう》せんがために書かれたる新天新地《しんてんしんち》の言葉である。

真理と共《とも》に歩む者《もの》は常《つね》に新しき生命《せいめい》を生きるのである。神は無限《むげん》の愛であり、善《ぜん》であり、赦《ゆる》しであるから神につながるものは過去《かこ》の一切《いっさい》の罪《つみ》は悉《ことごと》く浄《きよ》められて、常にその生命《せいめい》が新生《しんせい》するのである。徒《いたず》らなる過去のなげきや悲しみに捉《とら》われることなく、今我《いまわれ》らは愛と赦《ゆる》しとによって新生し、新しき日々《ひび》

はしがき　愛蔵版第十九巻の「はしがき」

潜在意識　人間の意識のうち、自覚を伴わないが心の奥底に潜んでいる意識。全意識の九十五パーセントを占め、人間の行動のほとんどはこの影響を受けているとされる

を迎《むか》えるべきである。諸君《しょくん》はこの書《しょ》をよんで神の愛に照《て》らされて新生《しんせい》するとき、過去《かこ》にありし一切《いっさい》の人々《ひとびと》の悪《あく》、諸君に対《たい》する敵意《てきい》、すべての屈辱《くつじょく》・侵《しん》害《がい》・憎悪《ぞうお》等《とう》、悉《ことごと》く消え去ってしまうであろう。そして諸君は自己《じこ》の内《うち》にキリストの生命《せいめい》を見《み》、キリストの愛を見、仏《ほとけ》の四無量心《しむりょうしん》を自覚《じかく》して一切の罪《つみ》人《びと》を赦《ゆる》し、すべての執着《しゅうじゃく》と憎《にく》みとを捨《す》て去《さ》り、完全《かんぜん》に全人類《ぜんじんるい》とともに喜《よろこ》ぶことが出来《でき》るであろう。また人《ひと》の喜びを以《もっ》て吾《わ》が喜びとし、人の悲しみを以《もっ》てしても、その悲しみを見ず、その奥《おく》に宿《やど》る完全なるキリストを見ることが出来るであろう。彼《かれ》はキリストである。吾《われ》もまたキリストである。彼は観世《かんぜ》音菩薩《おんぼさつ》である。吾《われ》もまた観世音菩薩《かんぜおんぼさつ》である。万人《ばんにん》が観世音菩薩《かんぜおんぼさつ》であり、キリストであり、迷《まよ》えるもの、悲しめる者《もの》、罪《つみ》ある者は一人《ひとり》もいないのである。もし真《しん》に自覚せるとき諸君は今《いま》仏《みほとけ》の世界《せかい》に住むのである。仏吾《みほとけわれ》らの周囲《しゅうい》にめぐりて歓喜《かんき》し讃嘆《さんたん》し、天《てん》の使《つかい》は紫雲《しうん》たなびく天上《てんじょう》より曼陀羅華《まんだらけ》を雨《あめふ》らしつつあるのである。

キリスト　キリスト教の始祖。紀元前四年頃～紀元三十年頃。ナザレの大工ヨセフと妻マリアの子として生まれた。パレスチナで教えを宣布し、多くの奇蹟を起こした。ローマのユダヤ総督ピラトによって磔に処された

四無量心　衆生に楽を与えて苦を除かせようとして起こす四つの心。慈無量心・悲無量心・喜無量心・捨無量心

観世音菩薩　最もひろく崇拝されている菩薩。大慈大悲に富み、三十三の姿に変じて人間の一切の悩み苦しみを除くとされる

紫雲　紫色のめでたい雲。念仏行者の臨終の時に阿弥陀仏がこの雲に乗って極楽浄土に迎えるという

諸君《しょくん》は本書《ほんしょ》とともに新しき世界《せかい》に新生《しんせい》するであろう。而《しか》して暗《やみ》はくだけ、大地六種《だいちりくしゅ》に震動《しんどう》していと妙《たえ》なる音楽《おんがく》を奏《そう》するを聴《き》かん。新しき天と地とは実《じつ》相《そう》の世界より天降《あまくだ》りて地上《ちじょう》に現前《げんぜん》せん。今《いま》ここが天国《てんごく》である。諸々《もろもろ》の堂閣《どうかく》は種々《しゅじゅ》の七宝《しっぽう》もて荘厳《しょうごん》せられ、宝樹《ほうじゅ》美しき花を爛漫《らんまん》と開《ひら》いて、果樹《かじゅ》豊かに実《みの》る。天人諸々《てんにんもろもろ》の伎楽《ぎがく》を奏《そう》し、すべての人々《ひとびと》遊楽《ゆらく》して舞踊《ぶよう》する世界が今ここであるのである。諸君はかかる世界に今誕生《たんじょう》したのである。本書とともに、古き天地《てんち》は消え去りその歎《なげ》きも悲しみもともに消えて、すべての人々は新《あら》たなる天と地とに生《うま》れん。過去《かこ》はない、一切《いっさい》の過去の争いも憎《にく》みもないのである。今新天新地《しんてんしんち》が開《ひら》けたのである。

ここに愛蔵版《あいぞうばん》を諸賢《しょけん》の座右《ざゆう》におくるに臨《のぞ》み、重ねて本書の説《と》く真理《しんり》の意義《いぎ》を一層《いっそう》深く体得《たいとく》せられんことを希《ねが》いてやまないものである。

昭和四十八年八月十日

而して　そうして
大地六種に震動　大地が六通りに震動すること。仏が説法をする時のめでたいしるし
いと　非常に
妙なる　言葉で言い表せないほどすばらしい
堂閣　立派な御殿
七宝　仏教語。『無量寿経』や『法華経』に記されている七種の宝玉。金・銀・瑠璃（るり）瑪瑙（めのう）など
荘厳　おごそかに美しく飾ること
宝樹　極楽浄土にあるという七宝で飾られている木
爛漫　花が咲き乱れているようす
伎楽　音楽のこと
遊楽　あそび楽しむこと
座右　身近なところ

著者識《ちょしゃしるす》

幸福篇

日輪《にちりん》めぐる（上）

目次

編者《へんじゃ》はしがき

はしがき

幸福篇《こうふくへん》　日輪《にちりん》めぐる（上）

凡例

一、本全集は、昭和四十五年〜昭和四十八年にわたって刊行された愛蔵版『生命の實相』全二十巻を底本とした。本書第五十九巻は、愛蔵版第十九巻『幸福篇』を底本とした。

一、本文中、底本である愛蔵版とその他の各種各版の間で異同がある箇所は、頭注版、初版革表紙版、黒布表紙版等を参照しながら確定稿を定めた。

一、底本は正漢字・歴史的仮名遣いであるが、本全集は、一部例外を除き、常用漢字・現代仮名遣いに改めた。

一、現在、代名詞、接続詞、助詞等で使用する場合、ほとんど用いられない漢字は平仮名に改めた。

一、本文中、誤植の疑いがある箇所は、頭注版、初版革表紙版、黒布表紙版等各種各版を参照しながら適宜改めた。

一、本文中、語句の意味や内容に関して註釈が必要と思われる箇所は、頭注版を参照しつつ脚註として註を加えた。但し、底本の本文中に括弧で註がある場合は、例外を除き、その箇所のままとした。

一、聖書、仏典等の引用に関しては、明らかに原典と異なる箇所以外は底本のままとした。

一、頭注版『生命の實相』全四十巻が広く流布している現状に鑑み、本書の章見出し、小見出しの下の脚註部分に頭注版の同箇所の巻数・頁数を表示し、読者の便宜を図った。

一、本文と引用文との行間は、読み易さを考慮して通常よりも広くした。

一、本文中に出てくる書籍名、雑誌名はすべて二重カギに統一した。

幸福篇　日輪《にちりん》めぐる

（上）

一月　新《あら》た《》に生《う》まる

一月一日

吾々《われわれ》を生かすのは明るい思想《しそう》である。さし昇《のぼ》る朝日《あさひ》の如《ごと》くさわやかな思想である。さし昇る朝日の如《ごと》くさわやかな精神《せいしん》こそ日本精神《にっぽんせいしん》である。生命《せいめい》は暗《あん》黒《こく》の中《なか》にも光《ひかり》を見る。暗室《あんしつ》に置かれたる豆もやしは、外《そと》から洩《も》れる僅《わず》かな光を求めて、光の方《ほう》へ光の方へと向いて行《ゆ》く。そして光の無《な》い間《あいだ》は細く長く繊《か》弱《よわ》く貧弱《ひんじゃく》に伸びて行《ゆ》くに過《す》ぎないが、ひとたび光を得《え》たときには、太くしっかりと逞《たくま》しく勢《いきお》いよく生長《せいちょう》する。生命《せいめい》には光が必要《ひつよう》なのである。光が全《ぜん》然《ぜん》無《な》いときには、伸びかかった豆もやしも数日間《すうじつかん》で枯《か》れてしまう。再《ふたた》び日《い》う、生命《せいめい》には光が必要なのである。

新しい年《とし》には新しい心が生《うま》れる。元旦《がんたん》は物事《ものごと》の始《はじ》めであり、生活更新《せいかつこうしん》に最《もっと》も都合《つごう》の良《よ》い時《とき》である。他《た》の時にも新しい覚悟《かくご》が出来《でき》、賢明《けんめい》なる人《ひと》はいつか

日輪めぐる　円い太陽が毎朝昇るさま。本篇は昭和十三年の『生長の家』誌一～十二月号に「生長の家自由日記　光への道中記」の題で連載された。四十巻本の携帯版および頭注版では書名が「毎日の修養」である　頭注版㊲四頁

更新　すっかり新しく変えること

らでも新生活《しんせいかつ》に突進《とっしん》し得《う》るが、吾々《われわれ》には新しい決意《けつい》を実行《じっこう》するのには元旦《がんたん》が好《よ》い。元旦から先《ま》ず始めよう。それは明るい心を持つということである。一度《ど》にあれもこれもと考えて、それが実行出来《じっこうでき》なかったら、新しい決意も最初《さいしょ》の一日《にち》から崩《くず》れてしまう。ただ今日《きょう》一日明るい心を持つことにしたい。ただそれだけ一《ひと》つのことである。これだけの事《こと》ならば私にも出来ると思う。

明るい心を持つには何事《なにごと》が起《おこ》っても怒《おこ》らぬということである。何事が起《おこ》っても悲しまぬということである。何事が起《おこ》っても失望《しつぼう》せぬということである。何事が起《おこ》っても怒らず悲しまず失望せぬためには、起《おこ》った事物《じぶつ》は「もう済《す》んだのだ」と知ることである。去年《きょねん》の暮《くれ》はもう起《おこ》ったから済んだのである。済んだからこそ新しい年が来たのである。木枯《こがらし》に散《ち》る葉があるからこそ、春に美しい若葉《わかば》の美《び》が讃《たた》えられるのである。

天地一新《てんちいっしん》。悪《あ》しきことは未《いま》だかつて一つも起《おこ》らなかったし、これからも起《おこ》らない。それはすべて一新《いっしん》し行《ゆ》く姿《すがた》である。

木枯　秋の終わり頃から冬の初めにかけて吹く、強くて冷たい風

一月二日

済《す》んだことの中《なか》に生活《せいかつ》せず、「今《いま》」のなかに生活せよ。「今」は常《つね》に生きている。「今」の中《なか》にはあらゆるものが輝《かがや》いている。「今」は常に新しく、「今」は常に喜《よろこ》びに満《み》ちている。過去《かこ》にどんな悲しいことがあったにしても、それについては思《おも》い煩《わずら》うな。「今」天地一新《てんちいっしん》したのである。もう別《べつ》の天地に生きているのである。過去に寒風《かんぷう》に吹《ふ》き暴《さら》されたことを嘆《なげ》かないで、「今」梅《うめ》の花は喜びに満たされて咲いている。梅の花よりも尊《とうと》く強く逞《たくま》しきが人間《にんげん》である。

喜ぶべきことしか無《な》いのが人生《じんせい》である。

頭注版㊲五頁

一月三日

人生の唯一《ゆいいつ》の目的《もくてき》は神の国《くに》をこの世《よ》に実現《じつげん》するということである。神の国

頭注版㊲六頁

とは天人常《てんにんつね》に充満《じゅうまん》し、絶《た》えず天鼓《てんく》の響妙《ひびきたえ》に、摩訶曼陀羅華《まかまんだらけ》の花降《ふ》る世界《せかい》である。

天鼓《てんく》とは天の鼓《つづみ》ではない。人間《にんげん》の人《ひと》を賞《ほ》め讃《たた》える声《こえ》である。曼陀羅華《まんだらけ》とはインドにある華《はな》ではない。華《はな》の笑《え》むように和《なご》やかな微笑《びしょう》、深切《しんせつ》な言葉、思いやりのある行《おこな》いが天上《てんじょう》から降る曼陀羅華《まんだらけ》である。

これら天鼓《てんく》と曼陀羅華《まんだらけ》とで飾《かざ》られた妙《たえ》なる世界の姿《すがた》が天国《てんごく》である。天国とは別《べつ》の世界のことではない。われらの思いと、言葉と、行《おこな》いとの中《なか》にある。

天鼓　ひとりでに妙音を発するという天人が持つ太鼓。仏の説法にたとえる

摩訶　サンスクリット語のmahaの音写。偉大なさま、すぐれたさま

一月四日

頭注版㊲六頁

何《なに》よりも大切《たいせつ》なのは、先《ま》ず自分《じぶん》の家庭《かてい》を天国とする術《すべ》である。それが出来《でき》なければ人間生活《にんげんせいかつ》の土台《どだい》が完成《かんせい》したとはいえぬ。先《ま》ず手近《てぢか》にある家族《かぞく》を愛せよ。そこから天国が生《うま》れて来るのである。吾々《われわれ》は天国とはどこか遠い国《くに》にあるように思い、幸福《こうふく》とはどこか外《ほか》のところにあるように思っていたが、脚下《あしもと》

術　なすべき手立て。方法

にあるのである。

先《ま》ず、朝起きたとき、すべての家族《かぞく》たちに優《やさ》しい言葉を、朗《ほが》らかな韻《ひびき》のある語調《ごちょう》で投げかけよ。これが第《だい》一家庭《かてい》を幸福《こうふく》な天国《てんごく》にする秘訣《ひけつ》である。気がついたら今日《きょう》からそれを始めよう。

語調　話す時の言葉の調子

一月五日

頭注版㊲七頁

一日《にち》だけで、やりかけた善事《ぜんじ》を止《や》めてしまうような者《もの》は、何事《なにごと》も成功《せいこう》から墜落《ついらく》する。つまらないことのようでも小さき善事を継続《けいぞく》することによって、その人《ひと》の魂《たましい》は進歩《しんぽ》し、環境《かんきょう》は天国化《てんごくか》するのである。一日ぐらいは懶《なま》けても好《い》いだろうというような考えから、善事をなす習慣《しゅうかん》をたった一日廃絶《はいぜつ》したことによって堕落《だらく》した人は世間《せけん》にたくさんある。

廃絶　廃止してなくすこと

昨日《きのう》きめた、朝起きた時《とき》に家族一同《かぞくいちどう》に優しい言葉を朗《ほが》らかな調子《ちょうし》で投げかけることを今日《きょう》も続けねばならない。そして更《さら》に進んで一層《いっそう》の善事をつけ加えることをしたい。

食膳《しょくぜん》で感謝《かんしゃ》することである。食物《しょくもつ》の本源《ほんげん》である神の生かす力《ちから》に、それを造《つく》ってくれた百姓《ひゃくしょう》の労苦《ろうく》に、それを調理《ちょうり》してくれた妻《つま》・娘《むすめ》または召使《めしつかい》にである。

食物《しょくもつ》は不味《まず》くとも決《けっ》して小言《こごと》をいわぬことである。食物《しょくもつ》の小言《こごと》をいったために終日《しゅうじつ》その家庭《かてい》が不快《ふかい》になったような経験《けいけん》は、人類《じんるい》の誰《たれ》でもが持っていることである。

食物《しょくもつ》そのものよりも、心の愉快《ゆかい》さと、空腹《くうふく》とが食物《しょくもつ》の味を増《ま》すのである。遠足《えんそく》に往《い》って食べる梅干《うめぼし》と握《にぎ》り飯《めし》の美味《おい》しさを思えば、この事《こと》の真理《しんり》は解《わか》る。心が愉快でないときどんな食物《しょくもつ》も不味《まず》い。不味《まず》いのは自分自身《じぶんじしん》の心の罪《つみ》であって、料理《りょうり》をしてくれる他《た》の家族《かぞく》や召使《めしつかい》の罪ではない。

空腹でないために、美味《おい》しくないのは、習慣《しゅうかん》に捉《とら》えられて空腹でないのに食事《しょくじ》をするためである。精神的《せいしんてき》に進歩《しんぽ》したい人《ひと》は、朝食《ちょうしょく》を廃《はい》して、出勤《しゅっきん》前《まえ》の二時間《じかん》を善《よ》き読書《とくしょ》に費《ついや》すが好《よ》い。

毎朝《まいあさ》二時間の読書《とくしょ》の習慣《しゅうかん》は、その人《ひと》をかなり向上《こうじょう》もさせれば、博学多識《はくがくたしき》にもする。

時間がないという者《もの》は、時間を造《つく》らない人のことである。時間は、他《た》の多くの道具《どうぐ》などと同じく、人間《にんげん》によって製造《せいぞう》せられるものである。

博学多識　ひろく学問に通じ、多くの物事を知っていること

一月六日

頭注版㊲八頁

絶《た》えず活《はたら》いているということが喜《よろこ》びの源泉《げんせん》である。活《はたら》かないものは、何《なに》か自分《じぶん》の内部《ないぶ》から気がとがめる或《あ》るものを感《かん》ずる。この気がとがめる囁《ささや》きを胡《ご》魔化《まか》すために多くの人は外面《がいめん》を麻酔《ますい》する快楽《かいらく》の誘惑《ゆうわく》に身《み》を投《とう》ずる。「小人閑《しょうじんかん》居《きょ》すれば不善《ふぜん》をなす」というのは、働《はたら》かないものが内部に感ずる良心《りょうしん》の囁《ささや》きを胡魔化《ごまか》すために誘惑に身《み》を委《まか》せることをいう。酒や麻酔薬《ますいやく》で内部の囁《ささや》きを胡魔化《ごまか》してみても本当《ほんとう》の幸福《こうふく》は来《こ》ぬのである。胡魔化《ごまか》しの生活《せいかつ》の中《なか》には必《かなら》

気がとがめる　後ろめたい感じがする

「小人閑居…」『礼記』「大学」にある言葉。つまらない人間は暇であると、とかくよからぬことをする

ず何《なに》か暗いものがある。

本当《ほんとう》の幸福《こうふく》というものは暗い生活《せいかつ》からは生《う》まれぬ。暗い生活を胡魔化《ごまか》し胡魔《ごま》化《か》しして偽《いつわ》りの快感《かいかん》らしい生活を送るのは、湿疹《しっしん》の瘡面《かさぶた》の痒《かゆ》きを掻《か》いて胡魔《ごま》化《か》すところの快感である。掻《か》けば掻《か》くほど、魂《たましい》は爛《ただ》れ、みぐるしい膿血《のうけつ》が流れるのである。

常《つね》に人《ひと》のためになる仕事《しごと》、常に世《よ》のためになる仕事、たゆみなくかかる仕事に従事《じゅうじ》している人には魂《たましい》の喜《よろこ》びが伴《ともな》う。仕事が無上《むじょう》の喜びとなり、仕事の中《なか》に休息《きゅうそく》と慰安《いあん》とがある。金《かね》を貰《もら》って働《はたら》いている人も、金《かね》を貰《もら》って働くと思えばその時《とき》から魂《たましい》の喜びは消えてしまう。金《かね》を頂《いただ》くのは、それが多いにせよ少《すく》いにせよ神様《かみさま》から恵《めぐ》まれたものであると感謝《かんしゃ》し、仕事は仕事で人のため世のための自分《じぶん》の魂《たましい》の献《ささ》げ物《もの》であると思って、人のために尽《つく》すという喜びの中《なか》に仕事をするのが好《よ》いのである。

かかる仕事の中《なか》からは不断《ふだん》の喜びが湧《わ》く。金《かね》と仕事とを交換的《こうかんてき》に考えては

膿血　うみの混ざった血

かかる　このような

慰安　心をなぐさめて労をねぎらうこと

不断　たえず。いつまでも

ならぬ。仕事《しごと》は如何《いか》なる「金《かね》」よりも尊《とうと》いものであるが故《ゆえ》に、仕事のために「金《かね》」を貰《もら》っているという考《かんが》えが起《おこ》るや否《いな》や、仕事の歓《よろこ》びは半減《はんげん》される。

仕事を常《つね》に支配《しはい》すること。仕事に支配されてはならぬ。仕事を追《お》い廻《まわ》すことは、仕事から追廻《おいまわ》されない秘訣《ひけつ》である。

仕事の予定《よてい》を立てておいて、そのゴールまで突進《とっしん》するのは仕事を捗《はかど》らせる良《よ》き方法《ほうほう》である。しかし、ゴールに到着《とうちゃく》しない日があっても焦《あせ》ってはならぬ。一日《にち》の労《ろう》は、一日の労で足りるのである。

常に働《はたら》いていながら、その仕事が捗《はかど》らないのは、何《なに》か神の摂理《おぼしめし》があるのであろうと、またそのことに感謝《かんしゃ》するが好《よ》い。そこから焦々《いらいら》した心持《こころもち》は和《なご》やかとなり、平和《へいわ》が魂《たましい》に戻《もど》ってくるであろう。

急がず、撓《たゆ》まずに進むのが仕事の秘訣《ひけつ》である。

一月七日

一日の労は〜足りる　『新約聖書』「マタイ伝」第六章にあるイエスによる山上の垂訓の一節。本全集第四十八巻「聖典講義篇」二一二頁参照

おぼしめし　善きお考え。善きはからい

撓まず　気をゆるめず。怠りなく

頭注版㊲一〇頁

常《つね》に仕事《しごと》をするといっても、緩急《かんきゅう》がなければならぬ。緩急のない生活《せいかつ》は、張《は》り切《き》ってばかりいる弓《ゆみ》の弦《つる》のように、次の矢《や》をつがえることが出来《でき》ぬ。一張一弛《いっちょういっし》の交代《こうたい》によって弓の矢は的《まと》を射抜《いぬ》く。張り切ってばかりいる弦《つる》はついに切れる。さればといって、仕事をする時《とき》に懶《なま》けよというのではない。弓を射るときには一心《いっしん》でなければならぬ。仕事をするときにも一心でなければならぬ。本当《ほんとう》に張り切ったとき仕事は的《まと》に命中《めいちゅう》する。

仕事が終《おわ》るか、定《さだ》められた休息《きゅうそく》の時間《じかん》が来るか、家《うち》に帰って家族《かぞく》とうち寛《くつ》ろぐ時が来た等《とう》のときには本当に打寛《うちくつ》ろがねばならぬ。仕事は渋面《じゅうめん》をつくるためにあるのではない。仕事は喜《よろこ》びを感《かん》ずるためにあるのである。仕事を渋面をつくるためにあるように思ったり、渋面をつくらねば真面目《まじめ》でないように思ったりするのは間違《まちがい》である。

団欒《だんらん》のときには楽しくすることが一《ひと》つの仕事である。家庭《かてい》の団欒《だんらん》が忘れられているがために、妻《つま》が不平《ふへい》をいったり、家族《かぞく》が病気《びょうき》になったり、良人《おっと》が危《き》

緩急　ゆるやかなことと急なこと

一張一弛　『礼記』「雑記下」にある言葉。弓の弦を張ったりゆるめたりするように、気持ちを張りつめたりゆるめたりすること

渋面　不愉快そうな苦々しい顔つき。しかめつら

険《けん》の淵《ふち》に近づいて行《ゆ》くことも考えねばならぬ。
人間《にんげん》は金《かね》を積《つ》んで走る馬車馬《ばしゃうま》のために造《つく》られているのではない。

一月八日

あまりに四角四面《しかくしめん》な余裕《よゆう》のない押しつめられた生活《せいかつ》からは幸福《こうふく》な生活は生《うま》れぬ。曲線《きょくせん》と直線《ちょくせん》とが巧《たく》みに調和《ちょうわ》していなければ美術《びじゅつ》でも生活でも美しくないのである。団欒《だんらん》と仕事《しごと》との調和を考えること、あたかも美術家《びじゅつか》が曲線と直線との調和を考えるが如《ごと》くでなければならぬ。

一月九日

他《ひと》から悪くいわれても論争《ろんそう》はしないが好《よ》い。理窟《りくつ》はどうにでもつけられる。理論《りろん》の上《うえ》では、盗人《ぬすびと》にも三分《ぶ》の理《り》がある。夫々《それぞれ》には又別《またべつ》の立場《たちば》があるからである。相手《あいて》の悪《あく》を認《みと》めて悪《あく》に対《たい》して論争するのは相手を一層興奮《いっそうこうふん》せしむ

馬車馬　馬車をひく馬

頭注版㊲一一頁

四角四面　しごくまじめで融通がきかないこと

あたかも　ちょうど

頭注版㊲一一頁

盗人にも三分の理　泥棒にもそれなりの理由があることから、どんな悪事にも理屈がつけられること

るだけである。相手《あいて》を興奮《こうふん》せしむれば、如何《いか》に善《ぜん》なる論旨《ろんし》も相手の心に入《い》るものではない。相手の悪《あく》を吾々《われわれ》の心の中《なか》で認《みと》めないことにし、吾々《われわれ》はただ正しい真理《しんり》を説《と》き、所信《しょしん》を実行《じっこう》すれば好《よ》い。ただ真理に従順《じゅうじゅん》にして、然《しか》り然《しか》り、否々《いないな》で好《よ》い。光《ひかり》を輝《かがや》かせば暗《やみ》は消える。これは永遠《えいえん》に渝《かわ》ることなき真理である。暗《やみ》を実在《じつざい》するかの如《ごと》く思って、暗《やみ》と戦《たたか》うから、硝煙濛々《しょうえんもうもう》として天《てん》日《じつ》をくらますようになるのである。

一月十日

冬の日光《にっこう》ほど嬉《うれ》しいものはない。寒いときに日光の恩恵《おんけい》について考えるほどには、吾々《われわれ》は空気《くうき》の恩恵について感謝《かんしゃ》していない。吾々《われわれ》は食物《しょくもつ》に感謝するように空気にも感謝しなければならぬ。

吾々《われわれ》は空気の恩恵について感謝すべきことに気がついたとき、吾々《われわれ》の周囲《しゅうい》に感謝すべきものがかくも多数《たすう》に充《み》ち満《み》ちていることに気がつくだろう。

論旨　議論の主旨

然り然り、否々　『新約聖書』「マタイ伝」第五章三七節の「山上の垂訓」の言葉。「然り然り」は「はい」、「否々」は「いいえ」の意

渝る　変化する

硝煙濛々　銃砲の射撃や火薬の爆発で出る煙がたちこめるさま

天日　太陽。日輪

頭注版㊲一一二頁

かくも　こんなにも

大地《だいち》、家《いえ》、畳《たたみ》、すべての調度《ちょうど》──ひとつも自分《じぶん》が造《つく》ったことのないこれらのものを吾々《われわれ》は平然《へいぜん》と使いながら生きているのである！

一月十一日

一《ひと》つの同じことが、甲《こう》の人《ひと》には不平《ふへい》の源《みなもと》であり、一つの同じことが、乙《おつ》の人には喜《よろこ》びの泉《いずみ》である。自分のしている善《よ》いことに、家族《かぞく》が従《したが》って来てくれないといって不平をいうことも出来《でき》るが、自分は家族たちよりも先《さき》んじて光明《ひかり》の道《みち》を知らせて頂《いただ》いたといって、人一倍《ひといちばい》喜ぶことも出来るのである。明るい半面《はんめん》ばかり見る者《もの》は常《つね》に生長《せいちょう》し、暗い半面を見るとき人は暗黒《あんこく》の世界《せかい》に墜落《ついらく》する。

どんなことにも喜びは見出《みいだ》される。雨が降《ふ》ったら鬱陶《うっとう》しいという代《かわ》りに「結構《けっこう》な善《よ》いおしめりだ」と喜ばねばならぬ。この世《よ》の中《なか》に何一《なにひと》つ無駄《むだ》なものはない。この世の中に何一つ無駄なものがないと知ったとき、吾々《われわれ》は悲し

調度　日常使う道具や家具

頭注版㊲一二頁

甲　複数の人・物・事柄があり、その一つを名前に代えて言うときの第一番目の語

乙　甲の次に来る語

おしめり　乾燥した地面を湿らせる程度に降る軽い雨

むべき何物《なにもの》もこの世界《せかい》にないことを知るのである。

一月十二日

苦しみ、悲しみ、腹立《はらだ》ちの起《おこ》るもとは一《ひと》つの立場《たちば》に執《しゅう》することである。一つの立場に執《しゅう》する限《かぎ》り、八面玲瓏珠《はちめんれいろうたま》の如《ごと》く、すべて明るく円成《えんじょう》するというわけには行《ゆ》かぬ。吾々《われわれ》は立場を超《こ》えて「無《む》」の中《なか》に跳入《ちょうにゅう》し、「無《む》」を超《こ》えて、更《さら》に「光《ひかり》」のみの世界に躍進《やくしん》しなければならぬ。吾々《われわれ》の棲《す》む地球《ちきゅう》は一つの象徴《シンボル》である。地上の一点《てん》に執《しゅう》していてはこの世界は蔭《かげ》もあり光もある。真《しん》空圏《くうけん》に跳入《ちょうにゅう》したとき、そこは絶対無《ぜったいむ》の真空《しんくう》に達《たっ》する。真空を超えて更《さら》に高く翺翔《こうしょう》するとき吾々《われわれ》は太陽《たいよう》のみ輝《かがや》く光明一元《こうみょういちげん》の世界に入《はい》るのである。

私はこれをこう考える——というとき私は一つの立場に立つ。一つの立場に立つ限《かぎ》り、「彼《かれ》はこう考える」という立場をも許《ゆる》してやらねばならぬ。球体《きゅうたい》の眼球《がんきゅう》を有《ゆう》する吾々《われわれ》は、穹窿《あおぞら》は球状《きゅうじょう》であって宇宙《うちゅう》も球状であると考え

頭注版㊲一三頁

八面玲瓏　どの方面から見ても美しく鮮明なさま

円成　円満に成就すること

跳入　とび入ること

翺翔　鳥のように空高くとぶこと

穹窿（きゅうりゅう）弓形に見える大空。天空。あおぞら

る。しかしその考えを吾々《われわれ》がもし三角硝子《さんかくガラス》の眼《め》を有《も》った人種《じんしゅ》に強《し》いるならば間違《まちがい》である。

宗派《しゅうは》を立ててはならぬ。偏狭《へんきょう》が一切《いっさい》の争《あらそ》いの因《もと》である。神の中《うち》には争いはない。神は一切の争いを、一切の背反《はいはん》を包容《ほうよう》している。釈迦《しゃか》は未《いま》だかつて何々宗《なになにしゅう》という仏教《ぶっきょう》を説《と》いたことはなかったのである。

何々宗《なになにしゅう》という多数《たすう》の宗派は釈迦滅後《しゃかめつご》に生《しょう》じたのであって、一切の背反《はいはん》を包容する超越的立場《ちょうえつてきたちば》が失われたときに生《しょう》じたのである。だから釈迦《しゃか》は宗派争いをしたことはない、ただ後世《こうせい》の仏徒《ぶっと》――いな反仏徒《はんぶっと》が宗派争いをするのである。

宗派ばかりではない、個人《こじん》の生活《せいかつ》でも争いが出来《でき》るのは、概《おおむ》ね超越的立場から墜落《ついらく》した者《もの》の挑戦《ちょうせん》から来るのである。

一月十三日

偏狭　他を受け入れる度量が狭いこと。偏狭

背反　相容れないこと。食い違うこと

包容　包みいれる

釈迦　紀元前四六三～前三八三年頃。仏教の始祖。現在のネパールの釈迦族の王子だったが出家した。苦行の末三十五歳で悟りを開いた

仏教　世界三大宗教の一つ。紀元前五世紀頃、釈迦がインドで説いた教え。日本には六世紀中期に伝来した

滅後　死後。特に釈迦など仏の死後

頭注版㊲一四頁

高邁《こうまい》な超越的立場《ちょうえつてきたちば》を持《じ》する者《もの》も、時《とき》として戦《たたか》うことがある。凝《こ》り固《かた》まった相対的立場《そうたいてきたちば》にいる者は一切包容《いっさいほうよう》の立場《たちば》をも、一《ひと》つの別《べつ》の相対的立場と思いちがえて反撃《はんげき》して来ることがあるからである。生長《せいちょう》の家《いえ》がどの宗教《しゅうきょう》をもそれぞれの立場に於《お》て宜《よ》しとして未《いま》だかつて一度《ど》も排斥《はいせき》したことがないのに、生長の家を新しく興《おこ》った一派《ぱ》の宗教として反撃するものがあったのも同じような理由《りゆう》からである。しかし、今《いま》となっては生長の家のあらゆる宗派《しゅうは》に対《たい》する寛容《かんよう》な全包容的立場《ぜんほうようてきたちば》を理会《りかい》しない者はほとんどない。どの宗派も生長の家に好意《こうい》をもっているし、生長の家がとり来《きた》った宗教を実生活《じっせいかつ》に生かすやり方を各々《おのおの》の宗旨《しゅうし》に取入《とりい》れない宗派はない。

すべて宗教は生活《せいかつ》を離《はな》れたときに概念《がいねん》の遊戯《ゆうぎ》となる。宗教が生活を離れるのは時代《じだい》を離れるからである。時代を離れるとき禅行《ぜんぎょう》も天魔《てんま》の行《ぎょう》となり、念仏《ねんぶつ》も無間地獄《むげんじごく》の門となる。禅行そのもの念仏そのものが、天魔地獄《てんまじごく》の行《ぎょう》門《もん》ではない。時代を離れたところに禅行も念仏も死の行《ぎょう》となる。生かさぬも

高邁　志が高く、気高くすぐれているさま

排斥　退けること

寛容　心が広く、他人のあやまちを許すこと

理会　物事の道理を理解し会得（えとく）すること

宗旨　中心となる教義

概念　個々の特性は見ないで共通点だけを大まかに取りあげた意味内容

禅行も天魔の…　日蓮上人が他宗を折伏するために唱えた「四箇格言」より。「念仏無間・禅天魔・真言亡国・律国賊」

無間地獄　阿鼻地獄の別名。地獄のうちで最もひどい苦しみを受ける所

のは宗教《しゅうきょう》ではない。隻手《せきしゅ》の拍手《はくしゅ》よく三千大千世界《さんぜんだいせんせかい》に響《ひび》くといえども、実生《じっせい》活《かつ》を救《すく》い得《え》ない坐禅《ざぜん》もあり、死骸《しがい》に念仏《ねんぶつ》することのみを知って、生きた人《にん》間《げん》には念仏どころか同業《どうぎょう》を嫉妬《しっと》し、瞋恚《しんい》の焔《ほのお》を燃《も》やす僧侶《そうりょ》もあったが、今《いま》はそれが段々無《だんだんな》くなったのは喜《よろこ》ばしい。

吾々《われわれ》は生きた人間にお念仏申《もう》す心にならねばならぬ。念仏とは、相手《あいて》に合《がっ》掌《しょう》して仏《ほとけ》をその相手から拝《おが》み顕《だ》すことである。常不軽菩薩《じょうふきょうぼさつ》の行《ぎょう》である。

一月十四日

人間は死なぬというのが生長《せいちょう》の家《いえ》の教《おし》えである。それは実《じつ》に生死《せいし》を超越《ちょうえつ》した「実相《じっそう》の本来生《ほんらいしょう》」なのである。生滅《しょうめつ》は仮《か》りの相《すがた》である。「肉体《にくたい》は本来《ほんらい》無《な》い」と説《と》いているのが生長の家の教えである。「無《な》い」ものには死によう がないのである。「肉体は無《な》い、人間は本来生《ほんらいしょう》であるから死なぬ」と説くのである。吾《われ》ら「久遠生命《くおんせいめい》」と説くといえども、「死ぬな」ではない、「死な

隻手の拍手　禅宗の公案「隻手の声」。両手を打つと音が出るが、片手にはどんな音があるかを問う。本全集第五十二巻「随喜篇」上巻第一章三八頁参照

三千大千世界　仏教語。すべての世界。全宇宙には須弥山(しゅみせん)を中軸とする広大な世界が無数にあるとされる

瞋恚の焔　はげしいうらみや怒り

常不軽菩薩　『法華経』第二十「常不軽菩薩品」に出てくる菩薩。釈迦の前世の姿であったとされる。常に他を敬って軽んぜず、迫害に遭ってもひたすら礼拝した。本全集第二十巻「万教帰一篇」第二章等参照

頭注版㊲一六頁

生滅　生まれることと死ぬこと。生ずることと滅すること

ぬ」である。死にようがない自覚《じかく》である。ここに無限《むげん》の勇気《ゆうき》が湧《わ》く。「死ぬな」には「死」の予想《よそう》がある。「死ぬかも知れぬ」と思う予想があればこそ「死ぬな」とも世人《せじん》はいおう。だから予想することは現《あらわ》れるという法《ほう》則《そく》で、「死ぬな」といえば勇気がくだける。「死なぬ」といえば勇気が湧《わ》き出《で》る。「死ぬな」「死なぬ」――よく似《に》ている言葉だけれども、全然《ぜんぜん》異《ちが》う。この言葉の使いようを誤《あやま》ってはならぬ。

一月十五日

好《い》い加減《かげん》な聴《き》きようをして、物事《ものごと》を批評《ひひょう》してはならぬ。紙一枚《まい》の差《さ》が霄《しょう》壌《じょう》の差である。今日《きょう》一日《にち》ひとを審判《さば》かないようにしたいものである。

ものの善《よ》し悪《あ》しは、よくその結果《けっか》の良否《りょうひ》を見て判断《はんだん》しなければならぬ。この点《てん》に於《お》て「果実《かじつ》を見てその樹《き》の善悪《よしあし》を知れ」といったキリストは正しい。

世人　世の中の人々

頭注版㊲一六頁

霄壌の差　天と地ほどの大きな差。雲泥の差

「果実を見て…」　『新約聖書』「マタイ伝」第七章にあるキリストの言葉

「この畳《たたみ》のあるによりてこそ、やぶれたるかやぶれざるかという事《こと》はあれ。本来無《ほんらいな》からん畳をば何《なん》とか論《ろん》ずべき。持戒《じかい》もなく破戒《はかい》もなし。」

（伝教大師《でんぎょうだいし》『末法燈明記《まっぽうとうみょうき》』）

一月十六日

今日《きょう》いちにち自分《じぶん》の生命《せいめい》を生かさないことは自殺《じさつ》である。「今日《きょう》自分は本当《ほんとう》によく生きたか」と吾々《われわれ》は毎日自分自身《まいにちじぶんじしん》の心に対《たい》して問《と》いかけねばならぬ。自殺はすべての罪悪《ざいあく》のうちで最大《さいだい》の罪悪である。

一月十七日

世俗《せぞく》のことに心を捉《とら》われず、世俗のことにそのまま熱心《ねっしん》になれるのが悟《さと》りである。外部的《がいぶてき》な成功《せいこう》に心を捉《とら》えられず、今《いま》ある与えられた仕事《しごと》を心を磨《みが》く糧《かて》として実行《じっこう》するのである。

持戒　戒律を守ること

破戒　戒律を破ること

伝教大師　日本天台宗を開いた最澄の諡号（おくりな）。神護景雲元〜弘仁十三年。入唐して天台宗を学んだ。比叡山に延暦寺を建立した

『末法燈明記』　延暦二十年成立。最澄著と伝わる仏教書。末法においては位の低い僧であっても世の導師すなわち灯明とすべきであると説く。鎌倉仏教の思想的基盤となった

頭注版㊲一七頁

頭注版㊲一七頁

世俗　世の中。世間

糧　食糧。転じて、精神的な支え

光《ひかり》への道《みち》は最《もっと》も手近《てぢか》の道である。光への道は最も易《やさ》しき道である。虚名《きょめい》は吾々《われわれ》の魂《たましい》をくらまし、虚利《きょり》は吾々《われわれ》の魂《たましい》を空虚《くうきょ》にする。

虚名　実力以上の評判や名声
虚利　むなしい利益

一月十八日

毎日何事《まいにちなにごと》か人のためになる仕事《しごと》をせよ。そのためになる部分《ぶぶん》だけが自分《じぶん》の生きた生命《いのち》である。ためにならない部分の生活《せいかつ》は死んだ生活である。自殺《じさつ》の生活である。日々《ひび》、自殺の生活を送らないように心掛《こころが》ける者《もの》だけが大きく生長《せいちょう》するのである。

何《なに》よりも自分に深切《しんせつ》であることである。そして自分に深切であるには、常《つね》に振《ふ》り返《かえ》ってみて、人のために今日何事《こんにちなにごと》をなし得《え》たか——それによって自分の生命《いのち》がどれだけ生きたかを反省《はんせい》しなければならぬ。

頭注版㊲一八頁

一月十九日

頭注版㊲一八頁

心が清《きよ》くなることを心掛《こころが》けよ。衣裳《いしょう》や白粉《おしろい》で飾《かざ》っても、心の清さには及《およ》ばない。

心を清くするには悪《あく》を思ってはならない。特《とく》に他人《ひと》の悪を思ってはならない。他人《ひと》の悪を思ったら、他人《ひと》の悪が自分《じぶん》に入《はい》って来る。これは「自分に深切《しんせつ》でない」ことである。

心を汚《けが》すのが唯一《ゆいいつ》の罪《つみ》であり、唯一の穢《きたな》いことである。

それでも他人《ひと》の悪が自分の心の中《なか》へ毒薬《どくやく》のように入《はい》って来たならば、その毒薬の害毒《がいどく》を避《さ》ける道《みち》は、赦《ゆる》すことである。腹《はら》を立てたり、興奮《こうふん》してはならない。その人《ひと》が善《ぜん》に立《た》ち戻《もど》ることの出来《でき》るように静《しずか》に祈《いの》り、且《か》つその人のために考えてやらねばならぬ。

一月二十日

悪《あく》はあるように見えても本来無《ほんらいな》い。この真理《しんり》が人間《にんげん》の魂《たましい》に沁《し》み込《こ》んでしまうまでは人間は本当《ほんとう》には幸福《こうふく》にもなれないし、本当に赦《ゆる》すことも出来《でき》ないものである。

本当に常《つね》にその人《ひと》の生活《せいかつ》が幸福であり、本当に赦《ゆる》すことの出来る人は「悪《あく》はあるように見えても本来ない」と悟《さと》った人ばかりである。

言葉や筆《ふで》でそのことを説《と》くことが出来るだけではまだ足りない。魂《たましい》の底《そこ》にそれを沁《し》み入《い》らせなければならぬ。

毎朝《まいあさ》起きた時及《ときおよ》び、何事《なにごと》か起《おこ》ったときには必《かなら》ず「悪《あく》はあるように見えても本来無《な》い」と十遍《ぺん》ずつ唱《とな》えるが好《よ》い。これはどんな禁厭《まじない》の言葉よりも人間を光《ひかり》へ導《みちび》く神咒《しんじゅ》である。

頭注版㊲一九頁

禁厭（きんえん）災難や病気などを防ぐためのまじない
神咒　神秘的な呪文

一月二十一日

病《やまい》はあるように見えていても本来無《ほんらいな》いという思想《しそう》は人間《にんげん》を光明《こうみょう》に導《みちび》く。生長《せいちょう》の家《いえ》がこの思想を発明《はつめい》してから実《じつ》に多くの人《ひと》が救《すく》われている。あると思えば恐《おそ》れられ、恐れれば生命力《せいめいりょく》は萎縮《いしゅく》し、生命力《せいめいりょく》が萎縮すれば病気《びょうき》は治《なお》らないのである。

心の変化《へんか》で、人体《じんたい》を流れる電流《でんりゅう》に変化を来《きた》すことは早大心理学教室《そうだいしんりがくきょうしつ》で発明した嘘発見器《ライ・デテクター》以来《いらい》周知《しゅうち》の事実《じじつ》である。そして感応電流《かんのうでんりゅう》を人体に通《つう》ずれば健康《けんこう》に或《あ》る影響《えいきょう》を及《およ》ぼすのも周知の事実である。そうすれば心の変化が人間の健康に影響を与えるのも当然《とうぜん》のことである。

しかも今迄《いままで》の医学《いがく》は、その診断《しんだん》を正確《せいかく》に患者《かんじゃ》につげることを道徳的責任《どうとくてきせきにん》のように思って、患者の心を動揺《どうよう》せしむることの悪影響《あくえいきょう》を考えなかった。この点《てん》で医学は診断学《しんだんがく》であって、医術《いじゅつ》ではない場合《ばあい》が多かった。患者の心を動

頭注版㊲二〇頁

萎縮　気力や勢いが衰えてちぢこまっているさま

早大　早稲田大学。明治十五年に大隈重信が東京専門学校として創設。明治三十五年、早稲田大学に改称。昭和二十四年に新制大学となった。著者は大正元年に文学部英文科に特待生として進学した

ライ・デテクター　lie detector　本全集第五十六巻「下化衆生篇」第二章九七頁に「嘘つき看破機」の呼称で紹介されている

揺せしめないで、生命力《せいめいりょく》を内《うち》から振起《しんき》せしめるのは術《じゅつ》である。読書《とくしょ》によって生命力《せいめいりょく》を振起せしめる文章術《ぶんしょうじゅつ》の極致《きょくち》を示したのが『生命《せいめい》の實相《じっそう》』である。これから後世《こうせい》に、もっと強く生命力《せいめいりょく》を振起させる文章《ぶんしょう》が出て来るかも知れない。出ることを望《のぞ》む。ともかく、薬物《やくぶつ》でないと生命力《せいめいりょく》は振起しないと思われていたのを文章術によって生命力《せいめいりょく》を振起する道《みち》を拓《ひら》いたのが『生《せい》命《めい》の實相《じっそう》』である。学《がく》と術《じゅつ》とは異《ちが》う。現象学《げんしょうがく》は現象《げんしょう》を正確《せいかく》に告《つ》げる必要《ひつよう》があるし、人《ひと》を生かす術《じゅつ》は現象を跳《と》び超《こ》えさせてしまう。

　漂《ただよ》える雲の彼方《かなた》にまん丸《まる》に澄《す》み切《き》る月ぞわが姿《すがた》なる

病《や》める人は「病《やまい》はあるように見えても本来《ほんらい》無い。」この言葉を常住坐臥《じょうじゅうざが》唱《とな》えよ。

病《やまい》が本来無《な》いという思想《しそう》が、あなたの心の底《そこ》に徹底《てってい》したならば、ほとんどすべての病《やまい》は地上《ちじょう》から姿を消すに違《ちが》いない。

振起　ふるい起こすこと

極致　到達することができる最高の境地

『生命の實相』　著者の主著。昭和七年一月に黒革表紙版が発行されてより各種各版が発行され、現在までに二千万部近くが発行されている

漂える雲の彼方に…　著者が詠んだ歌。本全集第三十四巻「聖語篇」三頁等、随所に記されている

常住坐臥　すわっている時も寝ている時も、いつも。常に

一月二十二日

病《やまい》は本来《ほんらい》無《な》い——と知っても病気《びょうき》の治《なお》らないと訴《うった》える人《ひと》の多くは、病気を治《なお》そう治《なお》そうと思って病気を跳《と》び超《こ》え得《え》ない人である。病気を跳び超え得《え》ない人は病気に躓《つまず》く、躓いて脚下《あしもと》に病気あるに気《き》著《づ》いて「病気はまだある」と訴えるのである。換言《かんげん》すれば「病《やまい》は本来無《な》い」とまだ本当《ほんとう》には知らなかったのである。

病《やまい》は本来無《な》い——と知って尚《なお》病気の治《なお》らない人は、病気の症状《かたち》に相応《ふさ》わしい心を持っているのである。腹《はら》を立てれば眼《め》は三角《さんかく》に角立《かどだ》ち、不平《ふへい》なれば面《かお》おのずから膨《ふく》れるが如《ごと》く、肉体《にくたい》は心の反映《はんえい》であるから、「病《やまい》はある」という病気そのものの直接観念《ちょくせつかんねん》がなくとも、病的な心の状態が頻繁《ひんぱん》にその人の生《せい》活《かつ》に継続《けいぞく》するときにはそれは具象化《かたちにあらわれ》して病気となるのである。病的な心の状態とはすべて正常《せいじょう》を失った心的状態《しんてきじょうたい》である。恐《おそ》れる心、怒《いか》りの心（その圧抑《あつよく》されたものが不平《ふへい》である）、感謝《かんしゃ》の足らぬ心――は病的《びょうてき》な心の最大《さいだい》なるものである。この三《みっ》つの最大の病的な心を取去《とりさ》る道《みち》は「悪《あく》」はあるように見えても何《なん》ら存在《そんざい》しないものであって、「この世《よ》に存在するものはただ感謝すべきもののみである」ことを知ることである。

一月二十三日

頭注版㊲二一二頁

心の平和《へいわ》を得《う》ることが幸福《こうふく》の本《もと》である。心の平和を得《え》なければ億兆《おくちょう》の富《とみ》といえども何《なん》の幸福をも吾々《われわれ》に齎《もたら》し得《え》ない。それは却《かえ》って吾々《われわれ》の生活《せいかつ》を掻《か》き擾《みだ》し、吾々《われわれ》を地獄《じごく》へ突《つ》き落《おと》す重荷《おもに》となる。幸福は富《とみ》の有無《うむ》ではない。しかし吾々《われわれ》は富を排斥《はいせき》するのではない。富に捉《とら》えられずして富を善事《ぜんじ》に駆使《くし》し得《う》る者《もの》は富益々《ますます》多くして世《よ》の為《ため》となること益々《ますます》多くなるであろうが、多くの人《ひと》の場合《ばあい》は「富」を得《う》るときそれに捉《とら》えられる。俗人《ぞくじん》は「富」を有《も》てば増殖《ぞうしょく》したくなるであろうし、それが奪《うば》われざらんことを欲《ほっ》して守りたくなるであろ

圧抑　無理やりおさえつけること。抑圧

駆使　思いのままに使いこなすこと

俗人　普通の人。世俗的な金や名誉にとらわれた人

増殖　ふやすこと

う。ここに、人《ひと》が現象《げんしょう》に捉《とら》えられて、自己《じこ》の内《うち》に既《すで》にある「無限《むげん》の富《とみ》」を忘れがちとなる危険《きけん》がひそんでいるのである。

多くの富豪《ふごう》の家庭《かてい》には面白《おもしろ》くないことが潜《ひそ》んでいる。誰《たれ》でも必要以上《ひつよういじょう》に富を有《も》つことは人生《じんせい》に不要《ふよう》な重荷《おもに》を背負《せお》い込《こ》んだことになる。

無限供給《むげんきょうきゅう》というのは飽食《ほうしょく》の意味《いみ》ではなく、必要《ひつよう》なだけ食膳《しょくぜん》に上《のぼ》るということである。このことは食物《しょくもつ》に限《かぎ》らず「金《かね》」でも同じことである。

飽食　充分に食べて満ち足りること

頭注版㊲二三頁

一月二十四日

人々《ひとびと》の苦しみとして避《さ》けるものが、神の前《まえ》には尊《とうと》きものであるという考《かんが》え方《かた》が、敬虔《けいけん》なる宗教人《しゅうきょうじん》に唱《とな》えられた時代《じだい》があった。貧乏《びんぼう》は人々の苦しみとして避けるものであるが故《ゆえ》に尊い。不幸《ふこう》は人々の苦しみとして避けるものであるが故《ゆえ》に尊い。病気《びょうき》は人々の苦しみとして避けるものであるが故《ゆえ》に尊い。かかる考え方を人類《じんるい》の潜在意識《せんざいいしき》が有《ゆう》していたが故《ゆえ》に、人類の潜在意識は心の

敬虔　うやまいつつしむ気持ちの深いさま

創化力《そうかりょく》を動員《どういん》して、その尊《とうと》いと思う「貧乏《びんぼう》」を、その尊いと思う「不幸《ふこう》」を、その尊いと思う「病気《びょうき》」を、創作《そうさく》し続けて来たのである。潜在意識《せんざいいしき》が欲《ほっ》する病気を創作することは、世界大戦時《せかいたいせんじ》に於《お》ける戦争麻痺症《せんそうまひしょう》がこれを証明《しょうめい》している。

俗人《ぞくじん》に於《おい》ては「富《とみ》」は罪《つみ》への誘惑《ゆうわく》となり得《う》ることはある。しかしそれが「富」そのものの罪でないのは、白刃《はくじん》が殺人《さつじん》の用《よう》に供《きょう》されようとも、白刃《はくじん》そのものの罪でないと同様《どうよう》である。罪は「使用法《しようほう》を誤《あやま》る」ということと、「処《ところ》を得《え》ない」ということにある。白刃《はくじん》も富も、処《ところ》を得《え》て正しく使用《しよう》せられるとき、天下《てんか》を平定《へいてい》する剣《けん》となり富となる。

吾々《われわれ》の欲《ほっ》しないものを神が欲《ほっ》し給《たま》うかも知れぬという考えは、神人分離《しんじんぶんり》の考えである。吾々《われわれ》の欲《ほっ》せぬことを神が欲《ほっ》し給《たま》うかも知れぬというのであるならば、あらゆる道徳《どうとく》の根拠《こんきょ》は不確《ふたし》かなものとなってしまう。我々《われわれ》が善《ぜん》と思ったものが善《ぜん》でないかも知れず、悪《あく》と思ったものが悪でないかも知れぬとした

創化力　形がなかったものを形に現し出す力

世界大戦　一九一四年から一九一八年にかけて戦われた第一次世界大戦。ドイツを中心とする同盟国と、イギリスなどの連合国との二つの陣営が、ヨーロッパを主戦場に世界各地で戦った

戦争麻痺症　戦線の兵士が放心状態になるなどして戦闘不能となった症状。戦争神経症（shell shock）と呼ばれる

白刃　鞘（さや）から抜いた刀。抜き身

ら、吾々《われわれ》は何《なに》を行《おこな》ったら好《よ》いか分《わか》らぬことになり、吾々《われわれ》は他人《たにん》の貧乏《びんぼう》を救《すく》うことも、不幸《ふこう》を救うことも、病気《びょうき》を救うことも出来《でき》ぬことになる。貧乏や不幸や病気が「善《ぜん》」であれば、それから人《ひと》を救《すく》い出《だ》そうとする努力《どりょく》は、人を「善《ぜん》」から追放《ついほう》する罪悪《ざいあく》になるであろう。

しかし、何人《なんぴと》も、病気や不幸や貧乏から人々《ひとびと》を救い出すことを善事《ぜんじ》だと認《みと》めずにはいられない。そうしたならば、病気や不幸や貧乏は「悪《あく》」であり、神の欲《ほっ》し給《たま》わないものであることに間違《まちがい》はない。では、病気や、不幸や、貧乏は人々が苦しいとして避《さ》けるものであるが故《ゆえ》に尊《とうと》いという誤《あやま》れる迷信《めいしん》を捨《す》てなければならぬ。

人類《じんるい》が、病気や、不幸や、貧乏を真《しん》に尊敬《そんけい》しなくなり、それを口実《こうじつ》にして人から同情《どうじょう》を求めなくなり、悲劇《ひげき》を深刻《しんこく》だというような迷信から醒《さ》めるようになったとき、人類の病気、不幸、貧乏は今《いま》よりも半減《はんげん》するであろう。

深刻 深く胸を打つものがあること

一月二十五日

悲劇《ひげき》は深淵《しんえん》であり、どん底《ぞこ》であり、暗黒《あんこく》であるかも知れぬが、悲劇を深刻《しんこく》だというのは間違《まちが》っている。深刻とは深切《しんせつ》と同じ意味《いみ》の言葉であって、人類《じんるい》の魂《たましい》の深奥《しんおう》から湧《わ》き出《い》でるところの、深々《しんしん》とした生命《せいめい》の表現《ひょうげん》、叡智《えいち》の表現、法愛《ほうあい》の表現が、深切であり深刻であるのである。

深切を親切《しんせつ》などと間違えて書かれている世《よ》の中《なか》であるから、馴々《なれなれ》しく親《した》しくするのが深切だと思っている人《ひと》もあるが、深切とは時《とき》として峻厳《しゅんげん》な統制《とうせい》であり、仮借《かしゃく》することなき規律《きりつ》である。

人類《じんるい》の魂《たましい》の深奥《おう》から切実《じつ》に深々《しんしん》として湧《わ》き出《で》る限《かぎ》り、どんな明るいものでも深刻である。人類は深刻と暗黒とを混同《こんどう》する愚《ぐ》から避《さ》けねばならぬ。

頭注版㊲二四頁

深淵　奥深く底知れないさま
深切　心の底から相手を思いやってつくすこと
深奥　おくそこ
深々　奥深いさま
法愛　仏の心で相手を生かす愛
峻厳　おごそかできびしいさま
統制　一つの方針によって取り締まること
仮借　みのがすこと

一月二十六日

どんな明るいものも、五官《ごかん》の表層《ひょうそう》を、視覚《しかく》の表層を、触覚《しょっかく》の表層を、単《たん》に撫《な》で可愛《かわい》がるだけのものは低卑《ていひ》である。

さびと渋味《しぶみ》とは日本人《にっぽんじん》のみ知る深刻《しんこく》なる美《び》である。それは感覚《かんかく》の刺戟《しげき》を超《こ》えて、実相《じっそう》に透入《とうにゅう》する美《び》である。

さびと渋味《しぶみ》の中《なか》には落着《おちつき》と平和《へいわ》があるが、絢爛《けんらん》な五官的刺戟《ごかんてきしげき》の中《なか》には誘惑《ゆうわく》と頽廃《たいはい》と罪悪《ざいあく》とがあるばかりである。

罪悪があるといっても、「罪悪」そのものが積極的《せっきょくてき》に存在《そんざい》するというのではない。「罪悪」とは「実相をツツミている」ということである。さびと渋《しぶ》味《み》の中《なか》には生命《せいめい》の悠久《ゆうきゅう》の美《び》がシンボライズされているが、五官的刺戟《ごかんてきしげき》は瞬間《しゅんかん》を追わしめて「生命《せいめい》の悠久」をツツミ蔽《おお》うばかりである。

頭注版㊲二五頁

五官 外界の事物を感じ取る五つの感覚器官。目・耳・鼻・舌・皮膚

低卑 品性が低くいやしいこと

透入 しみ入ること

絢爛 きらびやかで美しいさま

頽廃 道徳や伝統に培われた気風が崩れること

悠久 果てしなく長く続くこと。また、そのさま

シンボライズ symbolize 象徴する

一月二十七日

ひとりになる時間《じかん》を持つことは大切《たいせつ》である。その時間は静かに自分《じぶん》の魂《たましい》に対坐《たいざ》する時間である。

しかし、ひとりになる時間ばかりに耽《ふけ》る者《もの》は独善主義《どくぜんしゅぎ》に陥《おちい》り易《やす》い。人《ひと》は自《じ》他一体《たいったい》の生命《せいめい》であるから、互《たがい》に扶《たす》け合《あ》い、語り合い、讃《ほ》め合《あ》い、勇気《ゆうき》を付《つ》け合《あ》う時間も必要《ひつよう》である。

孤独《こどく》はひとつの徳《とく》であるが全部《ぜんぶ》の徳ではない。他人《たにん》と仲《なか》の悪い孤独は悪徳《あくとく》でさえある。更《さら》に家族《かぞく》と仲が悪いに至《いた》っては度《ど》すべからざる罪人《ざいにん》である。

すべての人と仲よく交《まじ》わることの中《なか》に魂《たましい》の生長《せいちょう》があり、家庭《かてい》の和楽《わらく》があり、人間《にんげん》らしい歓《よろこ》びがあるのである。

頭注版㊲二六頁

対坐　向かい合ってすわること

独善主義　他者の立場に配慮せず、自分だけが正しいと考える主義

度すべからざる　救うことのできない

和楽　なごやかにうちとけて楽しむこと

一月二十八日

大部分《だいぶぶん》の病気《びょうき》は、病気の存在《そんざい》を思わぬこと、恐《おそ》れぬこと、焦《あせ》らぬこと、怒《おこ》らぬこと、すべてと仲好《なかよ》くすること、すべてに感謝《かんしゃ》すること、すべてと調和《ちょうわ》することによって治《なお》る。この反対《はんたい》の心持《こころもち》は病気を招《まね》くが、そういう間違《まちが》った心境《しんきょう》に導《みちび》く最第《さいだい》一の悪徳《あくとく》は、利己主義《りこしゅぎ》——即《すなわ》ち自分《じぶん》を守ろうとする観念《かんがえ》である。

そういう人々《ひとびと》には先《ま》ず「死ね」と喝《かつ》せよ——先《ま》ず「自己《じこ》」を殺すこと。「死ぬ」決心《けっしん》が出来《でき》たら神経衰弱《しんけいすいじゃく》は無《な》い。生長《せいちょう》の家《いえ》で説《と》く「肉体本来《にくたいほんらい》なし」の喝《かつ》は、その「死ね」さえも粉韲《ふんさい》する。「死ぬ」べき「自己」、「死ぬ」べき「肉体」さえも、もう既《すで》に葬《ほうむ》り去《さ》られた喝《かつ》である。「死ね」の言葉には、まだ「自己」があり、「肉体」がある。「自己」を滅《ほろぼ》し、「肉体ありの観《かん》念《ねん》」を滅《ほろぼ》したものには、もう「死ね」はないのである。生《い》き通《とお》しだぞ！　も

頭注版㊲二七頁

喝　禅宗で修行者を励まし導くときの叫び声

神経衰弱　心身過労などを誘因として神経系統の働きが低下し、神経過敏・脱力感・不眠などの症状を呈する疾患。アメリカの医師G・M・ビアードが一八八〇年に初めて用いた用語

粉韲　こなごなに砕くこと。粉砕

う不死《ふし》だぞ！　こういうしか仕方《しかた》がない。

ただし「自己《じこ》」があり、「肉体《にくたい》」ありと思っている者《もの》には、「死ね！」の喝《かつ》が効《こう》を奏《そう》する。

「喝《かつ》」は対機《たいき》よく迷妄《めいもう》を打破《だは》する摧破《さいは》の武器《ぶき》であるが、その語義《ごぎ》を言語学《げんごがく》から考察《こうさつ》しても本当《ほんとう》の作用《さよう》は判《わか》らぬ。

一剣《けん》よく百人を併殺《へいさつ》すれど、その剣《けん》を分析《ぶんせき》すれば、微量《びりょう》の炭素《たんそ》及《およ》びタングステン又《また》はモリブデンを含有《がんゆう》せる鍛鉄《たんてつ》に過《す》ぎない。

一月二十九日

悪《あく》は無《な》いのである。引っかかるのが悪である。柳《やなぎ》は緑《みどり》、花《はな》は紅《くれない》、あるがままにして美しく、あるがままにしてそのままよいのである。緑でなければならぬと定《き》めたときに、紅《くれない》が来たときには吾《われ》らの心は引っかかる。紅《くれない》でなければならぬと定《き》めたときに、緑が来れば吾《われ》らの心は引っかかる。引っかか

効を奏する　効果を現す
対機　相手の素質や能力に合わせること
迷妄　心の迷い
摧破　破りくだいてこわすこと。破摧
タングステン　元素記号W、原子番号七四のクロム族元素の一つ
モリブデン　元素記号Mo、原子番号四二の金属元素の一つ。旧称は水鉛
鍛鉄　きたえ上げた鉄

頭注版㊲二八頁

柳は緑、花は紅　北宋の詩人蘇軾（そしょく）の「柳緑花紅真面目」より。柳は緑色をしており、花は紅に咲くように、自然そのままであること。自然のことわり

るのを悪《あく》といい、そのままを善《ぜん》という。
天気晴朗《てんきせいろう》よし、降雨《こうう》霪々《いんいん》もまたよし、風凪《かぜな》ぐもよし、暴風《ぼうふう》もよし。よしといいて、よしに捉《とら》われて対応策《たいおうさく》を講《こう》ぜぬのも引っかかったのである。そのままよく、そのままそれに対応《たいおう》して、自然法爾《じねんほうに》の作《はたら》きが出来《でき》るのが引っかかっていないのである。

雨の降《ふ》るのを歎《なげ》くことはない。雨にはまた風情《ふぜい》のあるものを。風情《ふぜい》があるといって、強《し》いて雨浸《あまびた》しになって、身体《からだ》を害《そこな》うことも要《い》らぬ。雨が降れば傘《かさ》をさせば好《よ》いのである。傘がなくば買えば好《よ》いのである。買う金《かね》がなければ借りれば好《よ》いのである。借りる処《ところ》がなければ、濡《ぬ》れながら次の処置《しょち》を考えれば好《よ》いのである。そこから生命《せいめい》は色々《いろいろ》のことを教《おし》えられ、色々のことを鍛《きた》えられる。そのままでその人《ひと》の生活《せいかつ》は屈託《くったく》はない。ただ有《あ》りがたいばかりである。恐《おそ》れもせねば呟《つぶや》きもせぬのである。

雨のことばかりではない。人生《じんせい》、この雨に対応《たいおう》するごとく生きよ。これが

晴朗　空が晴れ渡ってのどかなさま
降雨霪々　長雨。霪霖(いんりん)
凪ぐ　風がやんで波が静かになること
自然法爾　仏教語。そのままで、おのずから真理にかなっていること

屈託ない　心配ごとがなく、さっぱりしているさま

生長《せいちょう》の家《いえ》の生活《せいかつ》である。淀《よど》まぬ生活である、悩《なや》まぬ生活である。病《や》まぬ生活である。

一月三十日

交友《こうゆう》を選《えら》ぶことは生涯《しょうがい》のうちで最《もっと》も大切《たいせつ》なことである。悪《あ》しき友《とも》と交《まじ》わってはならぬ。悪《あ》しき人間《にんげん》は本来ないけれども、方向《ほうこう》の間違《まちが》った側《がわ》へ進む者《もの》を「悪《あ》しき人間」と仮《か》りにいう。生命《いのち》の本質《ほんしつ》の栄《さか》えの事《こと》を思わず、外面《がいめん》の虚《きょ》栄《えい》に心を奪《うば》われ、五官《ごかん》の快楽《かいらく》のことにのみ心を引かれている悪《あ》しき者と交わるならば、その人《ひと》は人生《じんせい》で一番《ばん》大切なものを見失う時《とき》が来る。

かくいえばとて、決《けっ》して一日中《いちにちじゅう》一室《しつ》に閉《と》じ籠《こも》っている憂鬱《ゆううつ》な友達《ともだち》を選べという意味《いみ》ではない。明るく生きることは人生の一《ひと》つの美徳《びとく》である。強く生きることも一つの美徳である。大きく生きることは更《さら》にまたもう一つの美徳である。

淀まぬ　とどこおらない

頭注版㊲二九頁

交友　友として交際する友人。朋友

虚栄　外面だけをよく見せかけようとすること

何物《なにもの》をも包容《ほうよう》しつつ、強く大きくしっかりと生命《せいめい》の大地《だいち》を踏《ふ》みしめて行《ゆ》くことは常《つね》に好《よ》い。外面《がいめん》の虚栄《きょえい》や五官《ごかん》の快楽《かいらく》には強さがなく、大《おお》いさがなく、広さがなく、包容性《ほうようせい》がなく、それが常に狭《せま》く個人的《こじんてき》なものになりたがるから低卑《ていひ》なのである。孤独《こどく》ということも、それが個人的な限《かぎ》りに於《おい》ては人《ひと》の生《せい》長《ちょう》を害《そこな》うものである。

個人的なものは常に全体的《ぜんたいてき》なものよりは低卑《ていひ》である。

一月三十一日

事件《じけん》に巻《ま》き込《こ》まれてはならない。また時処《じしょ》に超然《ちょうぜん》としてもならない。生《せい》命《めい》は時処《じしょ》を超越《ちょうえつ》しながら時処《じしょ》の中《なか》に美しき華《はな》を開《ひら》く。「真《しん》」は時空《じくう》の外《そと》に超越している存在《そんざい》であるが、「善《ぜん》」と「美《び》」とは真《しん》が時処相応《じしょそうおう》を得《え》たときにあらわれる。

「二二《にに》ンガ四《し》」は「真《しん》」であるが、「三三《さざ》ンガ九《く》」が必要《ひつよう》な時処《ときところ》に「二二ン

頭注版㊲三〇頁

時処　時と場所

超然　物事にこだわらないさま。世俗にとらわれないさま

ガ四」が出て来たのでは時処相応《じしょそうおう》ということは出来《でき》ぬ。こんな場合《ばあい》、「二二《にに》ンガ四《し》」は間違《まちがい》ではないが時処相応《じしょそうおう》でないということでそれは悪《あく》である。数《すう》理《り》の「真《しん》」の世界《せかい》には無限《むげん》の数《すう》の組合《くみあわ》せがあるが、そのうちで時処相応《じしょそうおう》はただ一《ひと》つある。生命《せいめい》の「真《しん》」の世界に於《おい》ても無数《むすう》の生命《せいめい》の行《ゆ》き方《かた》があるが、その中《なか》で、唯一《ただひと》つだけ「時処相応《じしょそうおう》」がある。常《つね》に「時処相応《じしょそうおう》」の生活《せいかつ》をしている人《ひと》は生活の名人《めいじん》である。吾々《われわれ》はこの生活の名人になるべく常に心掛《こころが》けたいものである。

常に神の叡智《えいち》の導《みちび》きに耳を傾《かたむ》けよ。そこから本当《ほんとう》に時処相応《じしょそうおう》の真善美《しんぜんび》の生活が顕《あらわ》れて来るであろう。

数理　計算。計算方法

二月　衣《ころも》を更《か》えて

二月一日

人《ひと》に逢《お》うて何《なに》かなつかしく、いつまでもその人と話していたいと思える人と、そうでない人とがある。

眼《め》の光《ひかり》のなごやかな人と、鋭《するど》い人と、温《あたたか》い人と、冷《つめた》い人と、何《なん》となく凄《すご》い人と、狡《ずる》そうに見える人と、人間《にんげん》にも色々《いろいろ》あるものだ。

ひらいた心の人でないと明るい眼《め》の人にはなれるものではない。幼《おさ》な児《ご》の眼《め》が澄《す》んで清《きよ》らかなのは、幼《おさ》な児《ご》の心は打《う》ち開《ひら》いた澄んだ天空海濶《てんくうかいかつ》の心をしているからである。幼《おさ》な児《ご》でも虐《しいた》げられている継児《ままこ》は清らかな眼はしていない。

濁《にご》りに染《そ》まない幼児《おさなご》の眼《め》のような心になりたいものだ。

色々の眼《め》の光のある中《うち》で、一番《ばん》私の好きでない眼《め》は狡《ずる》い光の眼《め》である。愛の光のある眼《め》は温《あたたか》く、智慧《ちえ》の深い眼《め》は時《とき》として冷《つめた》い。時として冷酷《れいこく》にさえ

衣を更えて（前頁）　陰暦二月を「きさらぎ」と言い「更衣」と書くことから、この題名が付けられている
頭注版㊲三二頁

天空海濶　大空や海が果てしなく広がっているように、度量が大きく心が広いこと

継児　実子でない、血のつながらない子供

感《かん》じられる。冷《つめた》い眼《め》でも、その冷《つめた》さが智慧《ちえ》の深いために冷《つめた》い光《ひかり》を湛《たた》えているのは崇高《すうこう》にさえ感じられる。

隠《かく》し心《ごころ》のある眼《め》、正面《しょうめん》を真正面《まとも》に見られない眼《め》、下を向いていて上眼《うわめ》づかいで見る眼《め》、顔《かお》の向かぬ方《ほう》を盗《ぬす》み視《み》する眼《め》——およそ狡《ずる》い眼《め》の光はこういう眼《め》の種類《しゅるい》である。

ぱっちりと打《う》ち開《ひら》いた愛くるしい隠しのない眼《め》の光で相手《あいて》を見る人《ひと》は必《かなら》ず好運《こううん》である。

形《かたち》は心の影《かげ》である。眼《め》の形、眼《め》の光、その通《とお》りの形のものがあなたの運命《うんめい》をあらわしている。

どんよりと曇《くも》っている眼《め》の人は、心も曇っている。眼《め》の三角《さんかく》の人は心も三角である。

崇高　けだかく貴いこと

二月二日

あらゆるものを愛していたい。愛する心のみが愛せられる心である。草花《くさばな》を愛する心は草花に愛せられる。草花を劬《いた》わる心は、草花に慰《なぐさ》められる。夫《おっと》を愛する妻《つま》は、夫に愛せられ、妻を愛する夫は、妻から愛せられる。子を愛する親《おや》は、子に愛せられ、親を愛する子は親から愛せられる。この世界《せかい》は自《じ》分《ぶん》の心の通《とお》りの世界である。

腹《はら》の立ったとき、夫に腹の立ったとき、妻に腹の立ったとき、子に腹の立ったとき、親に腹の立ったとき、そんな時《とき》には相手《あいて》の顔《かお》が小面憎《こづらにく》く見えるであろう。相手の顔はあなたを慰めないであろう。相手の顔が不快《ふかい》なのは、こちらの腹の立っている心が移入《いにゅう》しているのである。相手の顔が悪いのではない。慰められる心は慰める心のみが味《あじわ》い得《う》るのである。

相手は自分の心の通りのものである。

頭注版㊲二三頁

劬わる　ねぎらう

小面憎い　顔を見るだけでも憎らしい

移入　移し入れること

これをリップスは感情《かんじょう》の移入《いにゅう》といい、釈迦《しゃか》は三界《さんがい》は唯心《ゆいしん》の所現《しょげん》という。

二月三日

争《あらそ》っていた者《もの》が仲好《なかよ》しになることほど嬉《うれ》しい事《こと》はない。失われた一匹《ぴき》の羊《ひつじ》が帰って来ることは亡《うしな》われない九十九匹《ひき》がそこにいるよりも嬉しいとイエスはいった。仲直《なかなお》り位《ぐら》い有《あ》りがたいことはない、喜《よろこ》ばしいものはない。

争っていた者が仲直《なかなお》りをしたために、ただそれだけの簡単《かんたん》な出来《でき》ごとのために、医者《いしゃ》で治《なお》らない病気《びょうき》が治《なお》った実例《じつれい》がたくさんある。『生命《せいめい》の實相《じっそう》』の巻頭《かんとう》に「汝《なんじ》ら天地《てんち》一切《いっさい》のものと和解《わかい》せよ」とある一句《く》を忘れていて病気が治《なお》らないと嘲《かこ》っている人《ひと》はないか。

あらゆる心の持方《もちかた》が整《ととの》っていても、和解が出来ていない人は、神の前《まえ》に足りない人である。神はまことである。まことは円相《えんそう》である。まこととは◯《まる》ことである。◯《まる》は和解のしるしである。

リップス　Theodor Lipps　一八五一～一九一四年。ドイツの哲学者、心理学者、美学者。人格主義、感情移入説を唱えた。本全集第三十二巻「自伝篇」中巻第六章参照

感情の移入　リップスが用いた語。対象の人や物象に自己の感情を移し入れて、その感情を対象が持っているかのように感じとる作用

三界は唯心の所現　一切衆生が輪廻する欲界・色界・無色界の三つの世界の全ての事象は心の現れであるということ　頭注版㊲三四頁

失われた…嬉しい　『新約聖書』「マタイ伝」第十八章、「ルカ伝」第十五章にあるイエスの言葉

嘲つ　愚痴を言うこと

円相　円く完全な姿

まんまるい、まんまるい、あのお月様《つきさま》のような心こそすべての病《やまい》を治《なお》す心である。

汝《なんじ》の心の中《なか》の羊《ひつじ》をしらべてみることが大切《たいせつ》である。亡《うしな》われたる羊はないか。あなたを憎《にく》んで去った人《ひと》はなかったか。

誤解《ごかい》があったならば誤解を互《たがい》にほどくこと。憎んでいたならば赦《ゆる》すこと。恨《うら》んでいたならば恨みを解《と》くこと。心の思いと、物《もの》の負債《ふさい》とに拘《かかわ》らず、借りものがあったら利息《りそく》をつけて返すこと。神の前《まえ》に出て、もう誰《たれ》とも仲《なか》の悪い人はございません、争っている人はございません、すべての憎みと恨みとは完全《かんぜん》に水に流しました、もう誰《たれ》にも負債はありませんと、おおらかな気持《きもち》でいい得《う》るようになれない人は、まだ心に病《やまい》のある人である。

人の世《よ》に生活《せいかつ》して、それほどの心になれる人は少《すく》ないにしても、それほどの心になれない限《かぎ》りわたしたちは神の前にいと小《ちい》さなる者《もの》である。

もし私達《わたしたち》が神の前にいと小さき者であるならば、私達は人を責《せ》める資格《しかく》

負債　金銭や物品を借りて返済の義務を負うこと。借金。債務

はない、人《ひと》を怒《おこ》る資格《しかく》はない、人を恨《うら》むる資格はない。私達《わたしたち》は人を赦《ゆる》すほかに仕方《しかた》がないのである。

ただ私達が人を赦《ゆる》したときのみ神に赦《ゆる》されるのである。ただ人と仲好《なかよ》しになったときのみ私達は神と仲好《なかよ》しになることが出来《でき》るのである。

仲好《なかよ》しになった時《とき》の愉快《ゆかい》な心持《こころもち》を本当《ほんとう》に知るものは、人と仲が悪くなれるものではない。

人が人と仲好《なかよ》しになれないのは、幸福《こうふく》というものはただ「心が愉快《ゆかい》である」事《こと》だというかくも平明《へいめい》な真理《しんり》に眼《め》を閉《と》じていて、幸福というものが何《なん》ら心の愉快にあるのではなく、物《もの》の多いということにあると考えたり、虚栄《きょえい》、虚名《きょめい》が多いということにあると考えたりして、物と、虚栄、虚名を断《だん》じて放《はな》すまいとして傲然《ごうぜん》として構《かま》えているからである。

傲慢《ごうまん》ということはかかる心持《こころもち》をいうのである。謙虚《けんきょ》、へりくだりの心持《こころもち》は正直《しょうじき》に事物《じぶつ》をまともに見る心である。間違《まちが》っていたと気付《きづ》いたら素直《すなお》に

平明　わかりやすくてはっきりしていること

傲然　おごり高ぶって人を見下すさま

傲慢　「傲然」に同じ

謙虚　控え目でつつましいさま。相手の意見などを素直に受け入れるさま

あやまれる心である。放《はな》たねばならぬ物《もの》は素直《すなお》に放つ心である。本来《ほんらい》ありもせぬ栄《さか》えとか虚名《きょめい》とかを、あるかの如《ごと》く装《よそ》おうとするから心が苦しむのである。隠《かく》しない心、正直《しょうじき》の心は謙虚《けんきょ》な心の一面《いちめん》である。無邪気《むじゃき》につき合える人《ひと》というのはこういう謙虚な心持《こころもち》の人である。相手《あいて》が警戒心《けいかいしん》をもって近づいて来て、どうも親《した》しくなれないのは、こちらに隔《へだ》て心《ごころ》があるからである。

隔てのない心。角《かど》のない心。仲《なか》のよい心。◯《まる》い心。◯《まる》は一切《いっさい》を包んでいる。隔てもなければ、角《かど》もない、実《じつ》に実に仲のよい心が日の丸の心である。

装おう　飾り整えよう

二月四日

頭注版㊲三六頁

いくらと定《さだ》めた自動車賃《じどうしゃちん》をこちらから進んで余計《よけい》出した時《とき》には実《じつ》に気持《きもち》が好《よ》い。何《なん》だか自分《じぶん》が大きくでもなったような気がする。その癖《くせ》自分は出しただけ余計に減《へ》っているのである。この事実《じじつ》は何《なに》を語るか、物質的《ぶっしつてき》に却《かえ》って減りながらも、却《かえ》って「自分《じぶん》」というものが一層《いっそう》大きくなった実感《じっかん》がするという事実《じじつ》を考えてみると面白《おもしろ》い。

この事実は「自分」というものが「物質《ぶっしつ》」でないことの証拠《しょうこ》である。「上《うわ》衣《ぎ》を奪《と》る者《もの》には下衣《したぎ》をも与えよ。一里《り》の公役《こうえき》を強《し》いられなば二里を行《ゆ》け」といったイエスの言葉には、人間《にんげん》が「物《もの》」でないという実感がたたえられている。この話を私が堂《どう》ビルの清交社《せいこうしゃ》で講演《こうえん》したときに、脱肛痔《だっこうじ》が治《なお》ったといって礼《れい》にわざわざ来られた人《ひと》がある。

それは岩村《いわむら》〇太郎《たろう》という人であった。夫人《ふじん》が津田英学塾《つだえいがくじゅく》出身《しゅっしん》のクリスチャンで、常《つね》に良人《おっと》に戒律《かいりつ》を強制《きょうせい》していた。こうしていつも夫人に圧迫《あっぱく》されつつ岩村さんは、いたたまらない気持《きもち》でいたのである。

脱肛痔《だっこうじ》はいたたまらない気持《きもち》から起《おこ》る。奥様《おくさま》が一里の公役《こうえき》を強《し》いる時《とき》には二里を行《ゆ》くというような、気前《きまえ》の好《よ》い心になったとき、いたたまらない家庭《かてい》の感《かん》じが解消《かいしょう》されるのだろうと思う。

「上衣を奪る者…」『新約聖書』「マタイ伝」第五章、「ルカ伝」第六章にあるイエスの言葉

堂ビル　大阪市北区にある堂島ビルヂング。大正十二年竣工

清交社　大正十二年に創立された社交クラブ。堂島ビルヂングに入居した。関西の各界の名士の交流の場として、現在も一般社団法人として活動を続けている

脱肛痔　肛門の周囲にいぼ状のはれ物を生ずる痔。いぼ痔

津田英学塾　明治三十三年に津田梅子が女子英学塾の校名で開設。現在の津田塾大学の前身

クリスチャン　キリスト教信者

戒律　宗教上のおきてや生活規律

いたたまらない　それ以上じっとしていられない

この人《ひと》は今《いま》どうしているか。鳴尾《なるお》で明治会《めいじかい》とかいう日本精神《にっぽんせいしん》の団体《だんたい》をつくっていると噂《うわさ》に聞いたが、一度《ど》会いたいものだと思っている。

一度でも逢《あ》った人には別れたくない。切る心は切られる心である。つながれた縁《えにし》は離《はな》したくない。逢《あ》う心、離れぬ心、つながり合う心、結び合う心、共同精神《きょうどうせいしん》は真《しん》に○《まる》い心、日《ひ》の丸《まる》の心である。人間《にんげん》はどうして大同団結《だいどうだんけつ》しないのか不思議《ふしぎ》な位《くらい》である。

二月五日

一人《ひとり》の先覚者《せんかくしゃ》が現《あらわ》れて或《あ》る教義《きょうぎ》や主義綱領《しゅぎこうりょう》を掲《かか》げて民衆《みんしゅう》の賞讃《しょうさん》を博《はく》していると、その同じ教義や主義綱領を自分《じぶん》は前《まえ》から称《とな》えていたといって、その団体《だんたい》の人員《じんいん》を浚《さら》って行《い》ったり、同じ主義綱領をほんの少しばかり変更《へんこう》して自分の方《ほう》が優《まさ》っているといって崇拝《すうはい》を自分の方《ほう》へ集めようとする者《もの》がある。牛《ぎゅう》後《ご》となるより鶏口《けいこう》となれという小才子《こざいし》が多いからこの世《よ》は乱《みだ》れるのである。

鳴尾　現在の兵庫県西宮市にあった村

大同団結　対立する小異の問題を超えて一つの目的のために団結すること

頭注版㊲三七頁

先覚者　人々より先に物事の道理などをさとった人

綱領　ある組織における団体活動のよりどころとなる基本方針

牛後となるより鶏口となれ　『史記』「蘇秦伝」、『戦国策』「韓策・昭侯」にある言葉。大きな団体の末端に連なるよりも、小さな団体でも頭目になる方がよい

小才子　うまくやってのけるちょっとした才知のある人

人間《にんげん》は何故《なぜ》大同団結《だいどうだんけつ》をしないのだろう。

三十年《ねん》黙《だま》って一《ひと》つの団体《だんたい》の牛後《ぎゅうご》に喜《よろこ》んで真面目《まじめ》に活動《かつどう》し得《う》る人《ひと》は、ついにその団体で押《お》しも押されもせぬ人物《じんぶつ》になることが出来《でき》るのである。

明智光秀《あけちみつひで》のような才子《さいし》はいくら多くとも世《よ》が乱《みだ》れるばかりである。ついに天下《てんか》をとったものは徳川家康《とくがわいえやす》であったことを知らねばならない。

二月六日

世界《せかい》は孤立《こりつ》してはない。子供《こども》が生《うま》れて来れば必《かなら》ずその子供の衣食住《いしょくじゅう》を天《てん》が与えるのである。私は関東震災《かんとうしんさい》のとき、生《うま》れる子供の布団《ふとん》一襲《かさね》と産衣《うぶぎ》とだけのほか何物《なにもの》も持たないで避難《ひなん》したことがあった。その布団《ふとん》は友禅模様《ゆうぜんもよう》の絢《けん》爛《らん》な縮緬《ちりめん》の夜具《やぐ》であった。

親《おや》は着《き》のみ着のままでいるのに子供には絢爛《けんらん》な縮緬《ちりめん》の布団《ふとん》が与えられている。親はその頃《ころ》漬《つ》け物《もの》のほか何《なん》の美味《びみ》もたべないのに、子供のための乳《ちち》は

明智光秀　享禄元年頃～天正十年。安土桃山時代の武将。本能寺に投宿中の織田信長を襲ったが直後に豊臣秀吉との山崎の合戦に敗れた

徳川家康　天文元年～元和二年。江戸幕府初代将軍。慶長八年に征夷大将軍となって江戸幕府を開いた。東照大権現

頭注版㊲三八頁

関東震災　大正十二年九月一日、神奈川県相模湾北西沖を震源として発生した大地震。死者は十万人を超えた。本全集第三十三巻「自伝篇」下巻第七章参照

一襲　一揃い

友禅模様　絹などの布地に花鳥山水の模様をあざやかな色で染め出したもの

縮緬　表面に細かなしわのある絹織物

二人分《ふたりぶん》ほども出て母親《ははおや》の衣物《きもの》を濡《ぬ》らして困《こま》ったというほどであった。

これを見ても、子供《こども》は親《おや》が養《やしな》っているように見えても、実《じつ》は神が養っているのである。親子《おやこ》でありながら一方《いっぽう》は王侯《おうこう》の生活《せいかつ》をし、一方は着《き》のみ着《き》のままの生活をしていたのである。しかも着のみ着のままの人《ひと》の方《ほう》が、王侯を扶養《ふよう》していたのである。

人は人を養うことは出来《でき》ない。ただ神のみ人を養い得《う》るのである。人はただその媒介《ばいかい》となるだけである。

この事《こと》が判《わか》れば、店員《てんいん》も社員《しゃいん》も解雇《かいこ》する必要《ひつよう》はない。働《はたら》く者《もの》には食《しょく》を与え、神のみ心を生きる者には豊《ゆたか》に必需物《なくてならぬもの》を与えたまうのが神であるからである。ただ、働かぬもの、懶《なま》ける者、周囲《しゅうい》と調和《ちょうわ》しない者、神がこの世《よ》に生《せい》を与えた使命《しめい》を生きようとしない者は神が解雇したまうであろう。

ただかかる者のみ、人は神と人との媒介者《ばいかいしゃ》であるが故《ゆえ》に、人の手を通《とお》して解雇されるのである。

王侯　王と諸侯。諸侯は王から土地を与えられて治める者

扶養　生活の面倒をみること。たすけて養うこと

媒介　なかだち

二月七日

才能《さいのう》ということは一《ひと》つの資格《しかく》であるが全《すべ》てではない。知恵《ちえ》と力《ちから》とがいくら多くあっても人望《じんぼう》を集《あつ》め得《え》ない者《もの》は天の時を得《う》ることが出来《でき》ない。天の時《とき》は人望から来るのである。人望は人《ひと》の和《わ》即《すなわ》ち調和《ちょうわ》から来る。何《なん》の働《はたら》きもないのに出世《しゅっせ》しているような人を見ると、才能があって出世し得《え》ない者は嫉妬《しっと》羨望《せんぼう》して不平《ふへい》に思いがちであるが、働きというものは眼《め》に見える才能的《さいのうてき》な、また技術的《ぎじゅつてき》な働きばかりではない。何《なに》をしなくとも大《おお》いに働いている人がある。「無為《むい》にして化《か》す」という言葉に当《あ》て嵌《は》まる人はそんな人である。あの人がいてくれるので、ただいてくれるだけでこの団体《だんたい》に重味《おもみ》があるというような人はそういう人である。

才能ある人はこの種《しゅ》の「無為《むい》にして化《か》す」る人を羨《うらや》んで不平に思ってはならない。唯物論《ゆいぶつろん》の人は物質的働《ぶっしつてきはたら》きしか見えないから無為人《むいじん》に対《たい》して反抗《はんこう》し

頭注版㊲三九頁

人望　人々が尊敬や信頼の気持ちを寄せて慕い仰ぐこと

羨望　うらやましいと思うこと

「無為にして化す」『老子』第五十七章にある言葉。聖人の政治は人為を用いることなく、民がおのずから感化されて自然に国が治まること

唯物論　世界を構成する根源はすべて物質であるとする立場

がちである。無為人《むいじん》とは何《なに》もしない人《ひと》ではない。そのままで大《おお》いに為《な》している人である。一家《いっか》の心柱《しんばしら》であり礎石《そせき》である。諸々《もろもろ》の機械《きかい》が滑《なめ》らかに実《じつ》に複雑《ふくざつ》な働きをなし得《う》るのは、工場《こうじょう》の礎《いしずえ》と柱とがしっかりしているからである。礎《いしずえ》と柱とは無為人《むいじん》である。

礎《いしずえ》と柱とは平均《へいきん》がとれ重心《じゅうしん》がとれていなければならない。言《い》い換《か》えれば全体《ぜんたい》と調和《ちょうわ》していなければならない。調和が生活《せいかつ》の重心である。

才能《さいのう》があり余《あま》るほどありながら、出世《しゅっせ》しない人は周囲《しゅうい》と調和しない人か、不平《ふへい》の人か、長上《ちょうじょう》のものに親《した》しく近接《ちかづ》いて行《ゆ》くことを諂諛《おべっか》つかいと間違《まちが》えられることを惧《おそ》れて、長上に近接《ちかづ》くことを潔《いさぎよ》しとしない人か、下の人には深切《しんせつ》であるが上の人には恭《うやうや》しくない人かである。

栄《さか》えるためには人《ひと》・時《とき》・処《ところ》の三相応《そうおう》が備《そな》わらなければならない。人《ひと》・時《とき》・処《ところ》の三相応といっても大調和《だいちょうわ》の外《ほか》に何《なに》もない。人に相応し、時に相応し、位置《いち》に相応して調和して行《ゆ》かなければならない。下剋上《げこくじょう》は花々《はなばな》しいよう

心柱　礎石の上に建つ中心の柱

礎石　建造物の柱の基礎に据える石材。重量を地面に伝える土台となる石

長上　年長者。目上の者

諂諛つかい　相手に気に入られようとしてこびへつらう人

恭しい　相手を敬ってつつましく丁寧であるさま

下剋上　下位の者が上位の者をしのいで実権を握ること。また、そのような社会風潮

に、或《あるい》は潔《いさぎよ》いように思《おも》い違《ちが》えられて若い青年《せいねん》たちに歓迎《かんげい》せられ易《やす》いが、それは人時処《にんじしょ》の三相応《そうおう》を破《やぶ》るものであり、大調和《だいちょうわ》を毀《こわ》すものである。一時効果《いちじこうか》を収《おさ》めるように見えても永遠《えいえん》の栄《さか》えは下剋上《げこくじょう》からは来ないのである。ドイツやイタリーの共産革命《きょうさんかくめい》が中途《ちゅうと》で破れたのは下剋上《げこくじょう》の革命《かくめい》であるからである。ヒットラーもムッソリーニも下剋上《げこくじょう》の反動《はんどう》に乗ったために一時《いちじ》栄えたのだ。下剋上《げこくじょう》は必《かなら》ず反動が来るものである。ソビエトに於《おい》てすら下剋上《げこくじょう》には反動が来ている。ロシア革命当初《かくめいとうしょ》の元勲《げんくん》はすべて放逐《ほうちく》か、国外逃亡《こくがいとうぼう》か、銃殺《じゅうさつ》されてしまっている。

ものは落著《おちつ》くところへ落著《おちつ》かせるしか仕方《しかた》がない。無理《むり》に上《うえ》へあがっても結局《けっきょく》は落ちるばかりであり、落ちるまでは却《かえ》って不安《ふあん》なばかりである。

雲雀《ひばり》は空にあって楽しく囀《さえず》り、鈴虫《すずむし》は草葉《くさば》の下《した》にあって楽しく啼《な》く。鈴虫を蒼空《あおぞら》で囀《さえず》らせようと思っても無駄《むだ》である。

共産革命　旧政権を倒して共産主義政権を樹立すること

ヒットラー　Adolf Hitler 一八八九～一九四五年。ドイツの政治家。ナチスの指導者

ムッソリーニ Benito Mussolini 一八八三～一九四五年。イタリアの政治家。第一次世界大戦後にファシスタ党を結成して一党独裁体制を築いた

反動　ある動きに対して生じる反対の動き

ソビエト　ソビエト社会主義共和国連邦。一九一七年の第二次ロシア革命である十月革命で成立した世界初の社会主義国家。一九九一年に解体した

ロシア革命　一九一七年に帝政ロシアのロマノフ王朝を倒してマルクス・レーニン主義の政権を樹立するに至った共産革命

二月八日

吾々《われわれ》を嬉《うれ》しくし、楽しくし、悦《よろこ》ばせてくれるものは実《じつ》に「恩《おん》」の感《かん》じである。「恩」とは因《もと》の心《こころ》と書くが、因《もと》を知る心である。恩を感ずるとき、私達《わたしたち》は苦しみの中《なか》にも喜《よろこ》んで跳《と》び込《こ》むことが出来《でき》るのは、恩の感じは苦しみを「歓喜《かんき》」にかえる念《こころ》であるからである。恩を感じるとき実際《じっさい》苦しみは歓《よろこ》びに変《かわ》るのである。激《はげ》しい皇恩《こうおん》を感ずるとき、弾丸雨飛《だんがんうひ》の中《なか》へ私達は歓声《かんせい》を挙《あ》げて跳《と》び込《こ》み得《う》るし、また弾丸《だんがん》が中《あた》っても痛《いた》まない。感恩《かんおん》の念《ねん》は苦痛《くつう》を歓喜にかえるからである。

痛みがあり、苦しみがあるのは恩の感《かん》じ方《かた》が足りないからである。

皇恩に感謝《かんしゃ》せよ、汝《なんじ》の父母《ちちはは》に感謝せよ、汝《なんじ》の夫又《おっとまた》は妻《つま》に感謝せよ、汝《なんじ》の子に感謝せよ。汝《なんじ》の召使《めしつかい》に感謝せよ。天地《てんち》の万物《すべてのもの》に感謝せよ。その感謝の念《ねん》の中《うち》にこそ汝《なんじ》はわが姿《すがた》を見《み》、わが救《すくい》を受けるであろうと『生命《せいめい》の實相《じっそう》』

元勲　国家に尽くした大きな功績のある者

頭注版㊲四一頁

皇恩　日本の国の中心に天皇陛下をいただく恩恵

弾丸雨飛　弾丸が雨のように飛んでくるさま

感恩　好意や恩義に感謝すること

『生命の實相』の巻頭　「大調和の神示」を指す。各種各版の『生命の實相』巻頭にこの神示が記されている

の巻頭にある――生長の家の教えを要約すれば、ただこの数句に尽きているといっても好《よ》い位《くらい》である。

二月九日

人間《にんげん》の深切《しんせつ》にも物施《ぶっせ》と法施《ほうせ》とがある。物《もの》を与えることも時《とき》には必要《ひつよう》であるが、あまり物のみを与え過《す》ぎると却《かえ》って依頼心《いらいしん》を起《おこ》させ、貰《もら》うことが権利《けんり》のような感恩《かんおん》のない状態《じょうたい》にまで相手《あいて》の心を荒《すさ》ませることがある。

物を与えるならば、心もちを添《そ》えて贈《おく》らなければならぬ。紙に包《つつ》み、水引《みずひき》を掛《か》けるのは心持《こころもち》を添える方法《ほうほう》の一《ひと》つである。人間は心もちによって生かされているのである。機械的《きかいてき》な「与え」の前《まえ》には感恩の心は起《おこ》るものではない。与える側《がわ》からいうならば、物を贈《おく》るのに相手《あいて》に感恩の心を起《おこ》させようと思ってするのは不純《ふじゅん》ではあるが、相手の心を依頼心に満《み》ちたり、忘恩的《ぼうおんてき》な荒《すさ》んだ心にまで成《な》らせないためには機械的な与え方をしてはならない。

頭注版㊲四二頁

物施　物を与えること

法施　真理を説いて聞かせること

水引　進物用の包紙などを結ぶ飾り紐

勤務《きんむ》時間《じかん》以上《いじょう》に働《はたら》きをサービスする社員《しゃいん》に、上役《うわやく》が感謝《かんしゃ》して夜食《やしょく》をおごったりしてくれる場合《ばあい》には、如何《いか》にも上役《うわやく》の好意《こうい》が身《み》に沁《し》みて感謝されるが、規則《きそく》によって夜勤手当《やきんてあて》というものを定《さだ》めて、一定時間《いっていじかん》の夜勤をする者《もの》には一定の夜勤料《やきんりょう》を支払《しはら》うことに機械的《きかいてき》に定めてしまうならば、もう誰《たれ》も夜勤料を有難《ありがた》く思わなくなるものである。それどころか、時《とき》としては夜勤料が少《すく》いといって零《こぼ》すようにさえなりがちである。与える悦《よろこ》びがなくなって、奪《うば》い足《た》りないという不平《ふへい》に代《かわ》るのである。生活《せいかつ》に困《こま》っている失業者《しつぎょうしゃ》に仕事《しごと》を紹介《しょうかい》してやったら、その当座《とうざ》は生命《いのち》を救《たす》けてもらったように感謝するが、毎月月《まいつきげっ》給《きゅう》を貰《もら》うということが機械的に度重《たびかさ》なって来るならば、もうぼつぼつ月給の不足《ふそく》を零《こぼ》しがちである。感恩《かんおん》の心は機械的になると次第《しだい》に薄《うす》れて来るのである。子供《こども》の愛情《あいじょう》に養《やしな》われる老人《ろうじん》は幸福《こうふく》であるが、社会保障制度《しゃかいほしょうせいど》で養老院《ようろういん》に養われる老人には前者《ぜんしゃ》ほどの喜《よろこ》びはない。我々《われわれ》は毎日空気《まいにちくうき》を吸《す》っているが、機械的に空気を供給《きょうきゅう》されているが故《ゆえ》に有《あ》りがた味《み》を感じない。我々《われわれ》は太陽《たいよう》

当座　その場。さしあたり

養老院　身寄りのない老人を保護して収容する施設

がなくては生きられない人間《にんげん》でありながら、太陽《たいよう》は機械的《きかいてき》に毎朝《まいあさ》地平線《ちへいせん》から顔《かお》を出すから太陽の有《あ》りがた味《み》をさほど感《かん》じない。

しかし、これで好《よ》いだろうか。目ざめて立て！　私達《わたしたち》はあらゆる恩恵《おんけい》の中《うち》に生きているのである。

有《あ》りがたさは物《もの》の分量《ぶんりょう》にあるのではなくて、心の目ざめにある。心の目ざめている人《ひと》を悟《さと》っているという。一《ひと》かど悟っていると自負《じふ》している人が常《つね》に不平《ふへい》を唱《とな》えているのは何《なに》を悟っているのか、訊《き》いてみたい。

二月十日

憎《にく》みながら叱《しか》る心で軽く子供《こども》を打つと子供は泣く。同じ強さで打っても愛《あい》撫《ぶ》する心で愛慰《あや》すような形《かたち》で打ったら子供は却《かえ》って喜《よろこ》ぶだろう。痛《いた》さは心にあるからである。

かつて野村義隆《のむらよしたか》さんが道場《どうじょう》で指導《しどう》していた朝のことである。禅家《ぜんけ》の道場《どうじょう》

地平線　眺望の開けた所で大地と空との境界にほぼ水平に見える線

一かど　それ相応に優れた。一人前の

自負　自分の才能や行いなどに自信と誇りを持つこと

頭注版㊲四四頁

愛撫　可愛がってやさしくなでること

野村義隆さん　生長の家草創期の熱心な信徒の一人。『生命の實相』全集にもたびたび登場する

禅家　禅宗。禅宗の寺院。禅宗の僧侶

道場破り　武芸の修行者が他の流派の道場へ行って試合を申し込み、相手方を打ち負かすこと。また、その人

破《やぶ》りを仕事《しごと》にしているような物凄《ものすご》い恰好《かっこう》の修行者《しゅぎょうしゃ》が来た。そしてたずねた。

「生長《せいちょう》の家《いえ》では肉体《にくたい》は無《な》いというんですね。」

「そうです。」

「痛《いた》みは心にあるんですね。」

「そうです。」

「では痛みは肉体にはないんですね。」

「そうです。」

「それではあなたの肉体を打《う》ってても痛くありませんね。僕《ぼく》はこれから君《きみ》を打《ぶ》ってやる！」

殺気《さっき》がその修行者の眼《め》から一閃《いっせん》、野村《のむら》さんの方《ほう》へ走った。そのままでいたら野村さんを擲《なぐ》りでも仕兼《しか》ねまじき姿勢《しせい》である。

と、たちまち野村さんの方《ほう》が起《た》ち上《あが》ってその修行者の方《ほう》へ近接《ちかづ》いて往《い》ったかと思うと、ピシリとその修行者の頬《ほほ》を打《う》った。痛いか痛くないか冷暖《れいだん》を自《じ》

殺気　激しい憎悪や敵意に満ちた不穏な空気、気配
一閃　さっとひらめくこと。また、動きのきわめてすばやいさま
冷暖を自知する　仏教語。水の冷暖は自分で手を入れて初めて知ることができるように、悟りは自分で会得するものであること

知《ち》せよというのにあったらしい。やがて野村《のむら》さんは元《もと》の座《ざ》へ還《かえ》って来て、何《なに》事《ごと》もなかったように別《べつ》の修行者《しゅぎょうしゃ》と話していた。

野村さんが打《う》たなかったら、野村さんは修行者に打たれていたかも知れない。野村さんの気魄《きはく》の方《ほう》が修行者の気魄《きはく》に打勝《うちか》ったので修行者が打たれたのであった。

打つ心は打たれる心である。打つ事《こと》を心に描《えが》けば、その念《こころ》は形《かたち》と表《あらわ》れて相《あい》手《て》を打つ。相手の気魄《きはく》が強ければ、それは反《かえ》って自分自身《じぶんじしん》に還《かえ》って来て自分自身を打つのである。阿難《あなん》が釈尊《しゃくそん》に対《むか》って人《ひと》を憎《にく》んだ心を相手が受けなかったら、その憎んだ心はどこへ行《ゆ》きますかと尋《たず》ねたときに、釈尊《しゃくそん》は「お前《まえ》は贈《おく》り物《もの》を人に持って往《い》った時《とき》に相手がそれを受け取らなかったらその贈り物は誰《たれ》のものになるか」と問い返された。阿難《あなん》は「それは贈った人に返って来ます」と答えた。釈尊《しゃくそん》は「人を憎む心もその通《とお》りだ」と被仰《おっしゃ》った。

その頃《ころ》、道場《どうじょう》には夜《よる》も指導《しどう》があって、夜間《やかん》は私が受持《うけも》っていた。その同

気魄　力強く立ち向かう精神力

阿難　釈迦の十大弟子の一人。釈迦の教説を最もよく記憶していたので多聞第一と称せられた

釈尊　釈迦の尊称

じ修行者《しゅぎょうしゃ》がその夜《よる》も来ていて同じように私に問いかけた。

「肉体《にくたい》は本来無《ほんらいな》いんですね。」

「そうです。」私は朝の出来事《できごと》を知らないので何心《なにごころ》なくこう答えた。

「痛《いた》みは心にあるんですね。」

「そうです。」

「それでは先生《せんせい》の肉体を僕《ぼく》はこれから擲《なぐ》りますが、痛みはありませんね。」

修行者は今《いま》にも擲《なぐ》りに来そうな姿勢《しせい》である。

「それは痛いにきまっている」と私は咄嗟《とっさ》に答えた。

「何故《なぜ》痛いんだ、無《な》い肉体が何故《なぜ》痛いんだ。痛ければ、今後《こんご》肉体に痛みは無《な》いなどというな。」

恐《おそ》ろしい剣幕《けんまく》で修行者は詰《つ》めかける。私は静かに答えた。

「肉体そのものは痛まないが、お前《まえ》の心が痛いのだ。人《ひと》を擲《なぐ》ろうとするお前の心には痛みがある。『五官《ごかん》は心の影《かげ》を見るに過《す》ぎず』と『甘露《かんろ》の法雨《ほうう》』に

何心なく　何気なく

咄嗟　わずかな時間

剣幕　激しく怒った荒々しい顔つきや態度

『甘露の法雨』　昭和五年に著者が一気に書き上げた五〇五行に及ぶ長詩

ある。五官《ごかん》は心の痛《いた》みを映《うつ》すものだ。」

「ウーム、好矣《よし》！」といった切り、修行者《しゅぎょうしゃ》は立上《たちあが》りかけた膝《ひざ》を畳《たたみ》に落《お》ち著《つ》けて俯向《うつむ》いたまま動かなかった。そして私が他《た》の修行者と話しているうちにその修行者はどこかへ姿《すがた》を消してしまった。

野村《のむら》さんの捌《さば》き方《かた》と、私の捌き方と何方《どちら》も個性《こせい》が出ていて面白《おもしろ》いと思う。野村さんが道場《どうじょう》に出れば「叱《しか》られる、叱られる。野村さんはこわい」と修行者は噂《うわさ》する。ときには「道場であんなに憤怒《ふんぬ》の形相《ぎょうそう》をされては生長《せいちょう》の家《いえ》の名にかかわるから一日《にち》も早く道場へ出ないようにしてほしい」と投書《とうしょ》してきた人《ひと》もあった。

しかし、野村さんに叱られて悟《さと》ったと喜《よろこ》ぶ人も、叱られて病気《びょうき》が治《なお》ったと感謝《かんしゃ》する人もたくさんあった。相手《あいて》を愛しなければ、公《おおや》けな心であんなに思うままに修行者を叱《しか》り得《う》る者《もの》でない、損得《そんとく》を考えたらあんなに叱《しか》り得《う》る者ではないと批評《ひひょう》する人もあった。「そんなに叱ったら生長の家へ修行に来なく

憤怒　はげしく腹を立てること
形相　顔つき。表情

なりますよ」と忠告《ちゅうこく》する人《ひと》があると、「指導《しどう》の最中《さいちゅう》には相手《あいて》を指導することきり考えない。修行者《しゅぎょうしゃ》が殖《ふ》えるとか減《へ》るとか、損得《そんとく》のことを考えて指導する奴《やつ》があるか」と野村《のむら》さんはその人《ひと》に一喝《いっかつ》したこともあったと噂《うわさ》にきいたことがある。

二月十一日

今日《きょう》は神武天皇《じんむてんのう》が大和《やまと》に奠都《てんと》せられた記念《きねん》すべき慶《よろこ》ばしき日である。みすまるの魂《たましい》が高千穂《たかちほ》の高御座《たかみくら》に天降《あまくだ》りして弥数多《いやあまた》の国を大和《だいわ》する八紘一宇《はっこういちう》(Universal brotherhood)の精神《せいしん》が形《かたち》にまで顕《あらわ》れて、大和国《やまとのくに》に都《みやこ》することになったのである。それはおよそ二千六百年前《ねんまえ》であるという。日本《にっぽん》の国《くに》は領土《りょうど》という土塊《どかい》の容積《ようせき》ではないのである。「大和《だいわ》」の理念《りねん》そのものが日本国《にっぽんこく》で、それが地上《ちじょう》に天降《あまくだ》って形を整《ととの》えたときが日本《にっぽん》の建国《けんこく》である。

しかし日本《にっぽん》の肇国《ちょうこく》は尚《なお》それ以前《いぜん》に遡《さかのぼ》る。畏《かしこ》くも明治天皇《めいじてんのう》が教育勅語《きょういくちょくご》に

一喝　大声で叱ること

頭注版㊲四八頁

神武天皇　第一代の天皇。大和の橿原に都を開かれた。

奠都　新たに都をその地に定めること

みすまるの魂　皇室の御祖先の天照大御神の御精神である大調和の心。「みすまる」は天照大御神が身に付けられていた首飾り

高千穂　宮崎県北西部の地名。天孫降臨の地とされる

高御座　天皇の玉座(ぎょくざ)

八紘一宇　『日本書紀』の神勅にある言葉。国々が一つの家族のように和すること

二千六百年前　昭和十五年に紀元二千六百年を迎えた

理念　こうあるべきだという根本の考え

肇国　新しく国家を建てること

「国《くに》ヲ肇《はじ》ムルコト宏遠《こうえん》ナリ」と仰《おお》せ給《たま》いしことに鑑《かんが》み奉《たてまつ》るも、わが日本《にっぽん》の肇国《ちょうこく》は数《すう》を以《もっ》て言《い》い現《あら》わすことの出来《でき》ない悠久宏遠《ゆうきゅうこうえん》の太初《たいしょ》に遡《さかのぼ》ることが明《あきら》かである。神武天皇《じんむてんのう》なお高千穂《たかちほ》にましませしとき「天祖《てんそ》の降跡《あまくだり》ましてより以逮《このかた》、今《いま》に一百七十九万《まん》二千四百七十余歳《よさい》」と『日本書紀《にほんしょき》』に明記《めいき》してあるから、彦火瓊々杵尊《ひこほのににぎのみこと》より神武天皇《じんむてんのう》に到《いた》るまで既《すで》にこれだけの皇紀《こうき》を経《へ》ているのである。これは神話《しんわ》であるから「大和理念《だいわりねん》」の地上顕現《ちじょうけんげん》が悠久であることの象徴《しょうちょう》と見るべきである。日本《にっぽん》の建国《けんこく》の歴史《れきし》を故《わざ》と長くないように考証《こうしょう》して喜《よろこ》んでいる人《ひと》もあるが、それは結局《けっきょく》自己《じこ》侮辱《ぶじょく》であり、自己《じこ》破壊本能《はかいほんのう》の展開《てんかい》に過《す》ぎない。人間《にんげん》には「生《せい》」の本能《ほんのう》と「死」(自己破壊)の本能とがあって、「生《せい》」の本能が旺《さか》んなるものが栄《さか》え、「死」の本能が「生《せい》」の本能に打ち勝つとき衰《おとろ》え且《か》つ滅《ほろ》びるのである。自己《じこ》を卑小《ひしょう》にいうことに誇《ほこ》りを感《かん》ずるような悪い趣味《しゅみ》は止《や》めた方《ほう》が好《よ》い。

その頃《ころ》塩土老翁《しおつつのおじ》なる老翁《おきな》来《きた》りて神武天皇《じんむてんのう》に「東《ひんがし》に美地《うましくに》有《あ》り」と御奏上《ごそうじょう》

明治天皇　第一二二代天皇。嘉永五～明治四十五年。明治大帝、明治聖帝と称される
教育勅語　明治二十三年十月三十日に発布された「教育ニ関スル勅語」
宏遠　ひろく奥深いさま
天祖　天孫瓊瓊杵尊
『日本書紀』　養老四年成立。最古の勅撰の歴史書
彦火瓊瓊杵尊　天照大御神の孫。高天原から高千穂峰に天降られた
皇紀　明治五年に制定された、神武天皇御即位の年を元年と定めた紀年法
考証　実証的に研究すること
卑小　取るに足りないさま
鹽土老翁　記紀神話で彦火火出見尊(山幸彦)を助け神武天皇の御東征を導いた海の神。住吉大神
御奏上　天子に申し上げること

申上《もうしあ》げたということが同じく『日本書紀《にほんしょき》』に書かれている。東方《とうほう》より「大《だい》和《わ》」の理念《りねん》が生《うま》れて来るという象徴物語《しょうちょうものがたり》である。

この塩土老翁《しおつつのおじ》は『古事記《こじき》』では塩槌神《しおつちのかみ》とて目無堅間《めなしかつま》の小船《おぶね》を作り彦火々《ひこほほ》出見尊《でみのみこと》を乗せまつって金銀饒《こがねしろがねさわ》なる龍宮海《りゅうぐうかい》に導《みちび》き奉《たてまつ》ったと出ている。

龍宮海《りゅうぐうかい》とはウミの底《そこ》である、「創造《うみ》の根底《こんてい》」にある世界《せかい》とは現象《げんしょう》のよって以《もっ》てあらわれる根元《こんげん》の世界である。換言《かんげん》すれば実相《じっそう》の浄土《じょうど》である。目無堅間《めなしかつま》の小船《おぶね》とは、時間《じかん》の目盛無《めもりな》く空間無《くうかんな》く堅《かた》くつまりたる小《しょう》なる一点《てん》である。換言すれば、無時間《むじかん》・無空間《むくうかん》の世界、時空《じくう》を超越《ちょうえつ》し、そこより時空生《うま》るる一点(久遠《くおん》の今此処《いまここ》)に乗るとき衆宝《しゅうほう》あまねく充《み》つる龍宮海《りゅうぐうかい》に入《い》ることが出来《でき》るのである。「無字透関《むじとうかん》」である。「無《む》」を超《こ》えて更《さら》に実相地《じっそうじ》に透関《とうかん》するときそこに龍宮海即《りゅうぐうかいすなわ》ち、無限供給《むげんきょうきゅう》の極楽浄土《ごくらくじょうど》を実現《じつげん》することが出来るのである。この無限供給の極楽世界《ごくらくせかい》に入《い》る方法《ほうほう》を教《おし》えたまう神が塩槌神《しおつちのかみ》である。

そして龍宮海《りゅうぐうかい》は極楽にして住《す》み吉《よ》きが故《ゆえ》に住吉世界《すみよしせかい》ともいい、住吉世界の

『古事記』 和銅五年成立。現存する我が国最古の歴史書。天武天皇が稗田阿礼に暗誦させていた帝紀・旧辞を、元明天皇が太安万侶に撰録させたもの。神話から第三十三代推古天皇の御代までの歴史が記されている

彦火々出見尊 瓊瓊杵尊の御子。神武天皇の祖父。火遠理命(ほおりのみこと)、山幸の御名もある

饒なる 豊かなさま

衆宝 多くの宝物

透関 禅宗で、悟りの関門を通り抜けること

本尊《ほんぞん》を住吉大神《すみよしのおおかみ》と申上《もうしあ》げるのである。

龍宮海《りゅうぐうかい》は、時間空間《じかんくうかん》を超《こ》えた世界《せかい》であるから、浦島太郎《うらしまたろう》はそこにあるとき永遠《えいえん》に年老《としお》いず、この事《こと》を仏教《ぶっきょう》では無量寿世界《むりょうじゅせかい》に入《い》るとき無量寿仏《むりょうじゅぶつ》と同じ悟《さと》りに入《い》るというのである。老病死《ろうびょうし》の三奸《かん》を征伐《せいばつ》せられてから住吉大神《すみよしのおおかみ》は茅渟《ちぬ》の海《うみ》に面《めん》して長湾《ちょうわん》をなせる山峡《やまかい》に鎮《しず》め祀《まつ》られたのである。今《いま》は神戸《こうべ》市東灘区住吉《しひがしなだくすみよし》に本住吉神社《もとすみよしじんじゃ》があり、神功皇后《じんぐうこうごう》を主神《しゅしん》とし、脇神《わきだち》として筒男《つつのお》の三神《しん》をお祭《まつ》りしてある。後《のち》に泉州堺《せんしゅうさかい》に御遷座申上《ごせんざもうしあ》げたるにより、ここを本住吉神社《もとすみよしじんじゃ》というと承《うけたまわ》っている。

三韓征伐《さんかんせいばつ》とは、老病死の三奸《かん》の克服《こくふく》の象徴物語《しょうちょうものがたり》である。住吉大神《すみよしのおおかみ》が龍《りゅう》宮《ぐう》の大神《おおかみ》であり、無量寿仏《むりょうじゅぶつ》のあらわれである以上《いじょう》、老病死の三奸《かん》を克服せられたことは当然《とうぜん》のことでなければならない。

無量寿　永遠に続く生命
無量寿仏　阿弥陀仏の別称。阿弥陀仏の寿命がはかりしれないことによる
三奸　よこしまで悪賢い三つ。また、その人
茅渟の海　大阪湾の東部を指す
山峡　山と山との間
本住吉神社　神戸市東灘区に鎮座。主祭神は神功皇后と筒男三神
神功皇后　第十四代仲哀天皇の皇后
筒男の三神　底筒男命（そこつつのおのみこと）・中筒男命・表（うわ）筒男命
遷座　神体や仏像などを移すこと
三韓征伐　神功皇后が仲哀天皇の崩御後に新羅に出兵されて新羅・高句麗・百済の三国を帰順させた

二月十二日

私は御影町《みかげまち》及《およ》び住吉村《すみよしむら》に住んでいたとき、たびたび住吉神社《すみよしじんじゃ》に参拝《さんぱい》して人《じん》類光明化《るいこうみょうか》のために祈願《きがん》をつづけたものである。その頃《ころ》から私は雑誌《ざっし》『生長《せいちょう》の家《いえ》』を書き始めたのである。

その後《ご》、生長《せいちょう》の家神《いえのかみ》と申《もう》し上《あ》げるは塩土老翁《しおつつのおじ》、筒男神《つつのおのかみ》であらせられると知らされ、ハッとしてその端倪《たんげい》すべからざる因縁《いんねん》に驚《おどろ》いたのである。

塩椎神《しおつちのかみ》とは水火津霊《シホツチ》の神である。水の霊《れい》(陰《いん》の原理《げんり》)と火の霊《れい》(陽《よう》の原理)とを津《つ》なぎ結びて、一切《いっさい》を生み出す「生《う》みの神」である。だから塩椎神《しおつちのかみ》(住吉神社・塩釜神社《しおがまじんじゃ》に奉斎《ほうさい》)は古来安産《こらいあんざん》の神として称《しょう》せられ、エホバ神《がみ》の「懐妊《はらみ》の劬労《くるしみ》を増《ま》すべし、汝《なんじ》は苦しみて子を産《う》まん」という宣言《せんげん》を覆《くつがえ》して、子を産むのに無痛分娩《むつうぶんべん》なることを実証《じっしょう》したのである。生長《せいちょう》の家《いえ》の教《おし》えを聞いてその通《とお》りに守るものは無痛分娩であるのはそのためである。塩釜大神《しおがまのおおかみ》とは

頭注版㊲五〇頁

御影町　大正十五年から昭和四年まで著者が在住した旧兵庫県武庫郡御影町

住吉村　兵庫県武庫郡にあった村

『生長の家』　著者の個人雑誌として昭和五年三月一日に創刊された

端倪すべからざる　はかり知れない

因縁　つながり。縁

塩釜神社　宮城県塩竈市の元国幣中社

奉斎　身を清めて神や祖先をまつること

エホバ神　『旧約聖書』において唯一神とされる神の名

水火醸神《しほかみのかみ》として陰陽交叉《いんようかみあ》いて産《う》み出《だ》す神という意味《いみ》である。

生長《せいちょう》の家神《いえのかみ》を拝《おが》みたければ住吉神社《すみよしじんじゃ》に参《まい》るが好《よ》し、塩釜神社《しおがまじんじゃ》に参拝《さんぱい》するのも好《よ》い。吾々《われわれ》の団体《だんたい》は無宗派《むしゅうは》の万教帰一《ばんきょうきいつ》を説《と》く団体であるから、拝殿《はいでん》もなければ御祈禱《ごきとう》をするということもない。ただ書籍《しょせき》、講演《こうえん》、放送《ほうそう》、直接指導《ちょくせつしどう》等《とう》によって老病死《ろうびょうし》を克服《こくふく》する教化団体《きょうかだんたい》である。

二月十三日

悲しいことがあれば、喜《よろこ》びの初《はじ》めである。イエス・キリストも「幸福《さいわい》なるかな悲しむ者《もの》。その人《ひと》は慰《なぐさ》められん」といっている。物質《ぶっしつ》の満足《まんぞく》に五官《ごかん》の表層《ひょうそう》を快《こころよ》く楽しませていたような人が、その物質なる富《とみ》が眼《め》の前《まえ》から剝落《はくらく》した時《とき》に、物質なる肉体が或《あるい》は病《や》み、或《あるい》は眼《め》の前から姿《すがた》を没《ぼっ》しようとする時に、その人は悲しむのである。悲しむだけ悲しむが好《よ》い。涙《なみだ》はその人の心の汚《けが》れを浄《きよ》めるであろう。浄《きよ》まり浄《きよ》まったとき、本当《ほんとう》の世界《せかい》は物質の世界でな

拝殿　本書執筆以後著者は昭和三十五年に信徒の霊廟として宝蔵神社を、昭和五十三年に住吉大神の御出御によって日本国の浄化を仰ぐ龍宮住吉本宮を建立しているが、いずれも御祭神を拝むための施設ではない

頭注版㊲五一頁

「幸福なるかな…」『新約聖書』「マタイ伝」第五章四節の「山上の垂訓」の言葉。本全集第四十八巻「聖典講義篇」一七頁参照

剝落　はがれ落ちること

かったということが判《わか》るのである。浄《きよ》まり浄《きよ》まったとき、本当《ほんとう》の人間《にんげん》は物質《ぶっしつ》の肉体《にくたい》ではなかったことを知るのである。「本当の人間」は物質なる肉体が死んだと見えているときにも、死んではいないのであって、彼《かれ》が生きた程度《ていど》に従《したが》って、より自由《じゆう》に生き通《い》して《とお》いることを知るのである。

人間は死なない。殊《こと》に公《おおや》けのために殉《じゅん》じた者《もの》は一層《いっそう》高く生きているのである。この事《こと》については、『生命《せいめい》の實相《じっそう》』の第《だい》五巻《かん》「霊界《れいかい》と死後《しご》の救《すく》い」を読んで頂《いただ》きたい。

肉体は蒲団《ふとん》の上《うえ》にいて、誰《たれ》のためにもならず、却《かえ》って人《ひと》に迷惑《めいわく》をかけつつも終《つい》には滅《ほろ》びるものである。陛下《へいか》のために、国家《こっか》のために、全国民《ぜんこくみん》のために、何《なに》か献《ささ》げて死することが出来《でき》るならば光栄《こうえい》これに過《す》ぐるものはないではないか。

殉ずる　主君や物事のために生命を捧げること
第五巻　本全集では第十六〜十八巻「霊界篇　霊界と死後の生活」

二月十四日

頭注版㊲五二頁

素直《すなお》に飛附《とびつ》いて来る子供《こども》は可愛《かわい》がられる。素直に舅　姑《しゅうとしゅうとめ》の懐《ふとこ》ろに飛附《とびつ》いて来る嫁《よめ》は可愛《かわい》がられる。素直に先生《せんせい》の懐《ふとこ》ろに飛附《とびつ》いてくる生徒《せいと》は可愛《かわい》がられる。夫婦仲《ふうふなか》が悪いとか、家庭《かてい》が面白《おもしろ》くないとかいう人《ひと》があるけれども、それは互《たがい》に飛附《とびつ》くような素直さをなくしたからである。神のみふところに飛附《とびつ》く者《もの》は神に愛せられる。

舅　夫または妻の父
姑　夫または妻の母

二月十五日

どんな美しい薔薇《ばら》の花でも、その棘《とげ》に触《さわ》ったときにはハッと驚《おどろ》いて捨《す》てられる。人に嫌《きら》われるのは心に棘《とげ》があるからである。これだけ立派《りっぱ》な仕事《しごと》をしているのに人が自分《じぶん》を遠《とお》ざけるというような人は、これだけ美しい花が咲いているのに何故《なぜ》人が自分を捨てるのだろうと、みずから疑《うたが》う薔薇《ばら》の花のようなものである。

頭注版㊲五三頁

とげとげしい眼《め》、とげとげしい言葉、とげとげしい行動《こうどう》、その一《ひと》つ一つを制《おさ》えようとしてもなかなか直《なお》るものではない。先《ま》ずとげとげしい心を捨《す》てなければならぬ。とげとげしい心を捨てるには「とげとげしい心」をアリとして制《おさ》えても中々直《なかなかなお》るものではない。暗《やみ》は暗《やみ》をいくら押《おさ》えてみても消えるものではない。暗《やみ》を消すには光《ひかり》を持ってくるに限《かぎ》る。とげとげしい心が自分《じぶん》にあると気着《きづ》いたら、その反対《はんたい》を持って来るのである。「自分は優《やさ》しい優しい人間《にん》であって、とげとげしいところはちょっともない」と、その反対の念《ねん》を自《じ》分自身《ぶんじしん》にいって聞かせれば好《よ》いのである。

二月十六日

常《つね》に新しくなるものは老いない。老いるとは常に新しくなれないことの別《べっ》名《めい》である。人体《じんたい》の細胞《さいぼう》を切《き》り離《はな》して培養《ばいよう》し、その培養基《ばいようき》を常に新しく取替《とりか》えれば、結局《けっきょく》人間の細胞は永遠《えいえん》に分裂増殖《ぶんれつぞうしょく》して死なないものであることが生《せい》物学上《ぶつがくじょう》の実験《じっけん》によって確《たし》められたという。人間の肉体《にくたい》が老いて衰《おとろ》え死する

頭注版㊲五三頁

培養基 細菌や微生物、動植物の組織を培養するための液体または固形の物質。培地

ということは、細胞《さいぼう》が複雑《ふくざつ》に組み合っているために、常《つね》に新しくなれないからであって、必《かなら》ずしも人間《にんげん》が老衰死《ろうすいし》するということが運命《うんめい》ではないのである。ただ老衰死の原因《げんいん》は常に吾《われ》らが新しくなれないということが原因である。

人間の心もその通《とお》りである、常に毎日《まいにち》新しくなれないものは死につつあるものである。陳《ふる》びつつあるものである。

老人《ろうじん》が陳腐《ちんぷ》であるといって人《ひと》から嫌《きら》われるのは、ただ過去《かこ》の惰力《だりょく》で生きており、過去の惰力でものを考え、過去の惰力で行為《こうい》をし、過去の惰力で若い人を推《お》し測《はか》るからである。

過去の惰力で行為されたものは、既《すで》に形骸《けいがい》であって生命《せいめい》はない。これを称《しょう》して型《かた》に嵌《はま》るというのである。型《かた》に嵌《はま》っているものは形《かたち》は立派《りっぱ》に見えても、もう屍《しかばね》である。

陳腐　ありふれて古くさいこと

惰力　惰性で動く力

形骸　中身がなく、外形だけが残った抜け殻

二月十七日

ぼつぼつ樹木《じゅもく》に新しい芽《め》が出る。まだ嫩葉《ふたば》にも開《ひら》かない前《まえ》の、あのふっくりとした逞《たく》ましい樹《き》の芽《め》を見ていると、本当《ほんとう》に若々しい生命《せいめい》に触《ふ》れた気がする。開き切った葉よりもまだ開かない新芽《しんめ》の方《ほう》に力《ちから》がある。生命《せいめい》は久遠《くおん》であるが、現象界《げんしょうかい》のものは何物《なにもの》でもまだ完全《かんぜん》に開き切らないものには底力《そこぢから》が籠《こも》っている。宗教《しゅうきょう》でも古い時代《じだい》に起《おこ》ったものは過ぎ去る。今《いま》は新しい時代が来つつあるのである。史代革新期《しだいかくしんき》である。新しき酒を古き革嚢《かわぶくろ》に容《い》れるときは破《やぶ》れる。

二月十八日

人間《にんげん》を不幸《ふこう》にするものはわがままである。わがままは他《ひと》を不幸福《ふしあわせ》にするばかりではなく、自分自身《じぶんじしん》を不幸《ふこう》にする。精神分析的《せいしんぶんせきてき》に見ればわがままとは自《じ》

頭注版㊲五四頁

嫩葉　新芽の葉。わかば

史代革新期　歴史上の時代区分を新しくする時期

新しき酒を…　『新約聖書』「マタイ伝」第九章、「マルコ伝」第二章、「ルカ伝」第五章にあるイエスの言葉

頭注版㊲五五頁

己虐待《こぎゃくたい》の変形《へんけい》である。わがままは自分《じぶん》のしたいままをする自己愛撫《じこあいぶ》だと考えられ易《やす》いけれどもそうではない。わがままは往来《おうらい》で転《ころ》んで、誰《たれ》かが起《おこ》してくれるまで地踏鞴《じだたら》踏《ふ》んで泣《な》き叫《さけ》んでいる悪童《あくどう》の延長《えんちょう》でしかない。彼《かれ》は誰《たれ》かに迷惑《めいわく》をかけるために自己虐待をしているのである。

わがままが自己虐待である証拠《しょうこ》に、わがままを通《とお》そうとする人《ひと》は常《つね》に自分《じぶん》自身《じしん》が愉快《ゆかい》な滑《なめら》かな感情《かんじょう》の楽しさというものを味《あじわ》うことが出来《でき》ない。

わがままを別語《べつご》でいえば、「我《が》を出す」または「我《が》が強い」という。「我《が》」という字は「われ」という字が書いてあるが、「本当《ほんとう》の我《われ》」ではない。それは久遠普遍《くおんふへん》のひろびろとした「本当の我《われ》」を縛《しば》るところの自己限定である。「本当の自分」は天地《てんち》にひろがるひろびろとした大《おお》いなる存在《そんざい》であるのに、これだけの部分《ぶぶん》だけが自分だと自己限定《じこげんてい》するのが、「我《が》を出す」ということである。だから「我《が》を出す」というのは却《かえ》って自分を限《かぎ》る、自分を引込《ひっこ》める、自分を縛る、自分を虐待《ぎゃくたい》することになる。

往来　道路

地踏鞴踏む　足踏み式のふいごを踏む意より、腹を立てたり悔しがったりして両脚を交互に激しく踏むこと。じだんだ踏む

本当《ほんとう》の自分《じぶん》が、天地《てんち》にひろがる広々《ひろびろ》とした存在《そんざい》であることに気が著《つ》いたときには、人間《にんげん》は誰《たれ》とも大調和《だいちょうわ》するものである。

大調和の心は神のままの心である。神のままは自然《じねん》を縛《しば》らない心、我《わ》がままは自然《じねん》を縛る心。

二月十九日

時間《じかん》を大切《たいせつ》にするということは、いのちを大切にするということである。現象界《げんしょうかい》のいのちは時間の流《ながれ》に展開《てんかい》する、時間の流《ながれ》に随《したが》っていのちも過《す》ぎ行《ゆ》く。時間を大切にしないものは酔生夢死《すいせいむし》する。しかし私達《わたしたち》は時間を本当《ほんとう》に大切にしているだろうか。

時間は眼《め》に見えないものであるから、そして使わずに置いても消えて行《ゆ》くものであるから、ともすれば浪費《ろうひ》しがちである。「使わないことが浪費であって、使えば使うほど殖《ふ》える」という生長《せいちょう》の家《いえ》の経済学《けいざいがく》は時間に関《かん》しては

頭注版㊲五六頁

酔生夢死　北宋の儒学者、程顥（ていこう）の『程子語録』にある言葉。酒に酔ったような、夢を見ているような心地で何もなすことなく一生をぼんやりと終わること

浪費　無駄に使うこと

一層真実《いっそうしんじつ》である。

時間《じかん》は箱詰《はこづめ》にしておいても、瓶詰《びんづめ》にしておいても、それは蒸発《じょうはつ》して消えてしまう。時間を大切《たいせつ》にしようと思って時間時間と考えてもイライラして心が忙《いそが》しいだけである。時間を大切にする最《もっと》も有効《ゆうこう》なる秘訣《ひけつ》は何事《なにごと》も直《す》ぐ実行《じっこう》に取りかかるということである。せねばならぬことを次に延《の》ばさぬことである。

せねばならぬことを次へ延《の》ばすことは、行《おこな》いの負担《ふたん》を避《さ》けるために、その避けている間中《あいだじゅう》、それは心の負担となっている。行いは苦しみでなく、心の負担は苦しみである。ぐずぐずの習慣《しゅうかん》ほど愚《おろ》かしきものはない。

今《いま》を生かす生活《せいかつ》、その時《とき》その場《ば》を直《す》ぐ生かす生活、具象的今《ぐしょうてきいま》を生かすことが超時《ちょうじ》の生命《せいめい》を今生きることになるのである。

「超時《ちょうじ》の今」を生きる者《もの》は常《つね》に生きるものである。ぐずぐずの生活を生きる者は常に死につつあるものである。

具象的　具体的な形や内容を備えているさま
超時　時間を超えた

二月二十日

伸《の》びることを忘れた時《とき》に凋落《ちょうらく》が始《はじ》まる。樹木《じゅもく》を見て、その真理《しんり》を悟《さと》れ。

二月二十一日

今日《きょう》は記念《きねん》すべき本が出る。私の『人間《にんげん》死んでも死なぬ』という本。これが私が関東大震災《かんとうだいしんさい》に遇《あ》って無一物《むいちぶつ》になって郷里《きょうり》へ帰って、職業《しょくぎょう》もなく養父母《ようふぼ》の許《もと》で居候《いそうろう》しながら無数《むすう》の心霊現象《しんれいげんしょう》の原書《げんしょ》を取寄《とりよ》せてその中《うち》から興味《きょうみ》のある事実《じじつ》を取上《とりあ》げ、系統《けいとう》づけて書き上げて、小西書店《こにししょてん》から『心霊現象と宗教《しゅうきょう》思想《しそう》』と題《だい》して出した本を最近《さいきん》に増補改訂《ぞうほかいてい》したものである。類《るい》は類を招《よ》び、貧《まず》しい運命《うんめい》の時《とき》には、貧しさを招《よ》ぶものと見えて、当時素寒貧《とうじすかんぴん》の私に、小西書店は一銭《せん》の印税《いんぜい》も寄越《よこ》さなかった。私は已《や》むを得《え》ず印税代《いんぜいがわ》りに紙型《しけい》を貰《もら》っておいたのを友人鳥谷部君《ゆうじんとりやべくん》が生活《せいかつ》に困《こま》っているので、その紙型《しけい》を差上《さしあ》げて、

頭注版㊲五七頁

凋落　しぼんで枯れおちぶれること

頭注版㊲五七頁

『人間死んでも死なぬ』　昭和十三年、光明思想普及会刊

『心霊現象と宗教思想』　大正十三年、小西書店刊

類は類を招ぶ　波長の合うもの、似通ったものは自然と寄り集まること

素寒貧　無一文

一銭　わずかな金額

印税　著者や著作権者に支払われる金銭

紙型　活版印刷で鉛版を作るために堅い紙で作った鋳型

鳥谷部君　鳥谷部陽太郎(孤嶺)。歌人。著述家。主宰した雑誌や著書『兄弟通信』『爐邊者』『新時代』『愛を歌ふ～鳥谷部陽太郎散文詩集』等に著者も寄稿した

原稿料《げんこうりょう》も活字《かつじ》の組賃《くみちん》も不要《ふよう》で鳥谷部君《とりやべくん》の生活費《せいかつひ》の幾分《いくぶん》にでもなるように進《しん》上《じょう》した。これは『信仰革命《しんこうかくめい》』と題《だい》して再版《さいはん》まで出ているから鳥谷部君《とりやべくん》は幾分《いくぶん》かこれで助かっている筈《はず》である。今《いま》この本に更《さら》に百数《すう》十頁《ページ》を加えて『人間《にんげん》死んでも死なぬ』と題する本として出したのは、戦死《せんし》した軍人《ぐんじん》の遺族《いぞく》への贈《おく》り物《もの》としてである。人間は肉体《にくたい》ではないから、肉体は死んでも「人間そのもの」は死んではいない。この理論《りろん》と哲学《てつがく》とは『生命《せいめい》の實相《じっそう》』のあらゆる部分《ぶぶん》に書いてある。しかしその実証《じっしょう》は、死んだ人《ひと》が出て来て実際《じっさい》に通信《つうしん》した無《む》数《すう》の実話《じつわ》、死の刹那《せつな》に霊魂《れいこん》の幽体《ゆうたい》が脱離《だつり》する瞬間《しゅんかん》に撮《と》った写真《しゃしん》、その死後《しご》の状態《じょうたい》はそういう状態であるか――これは『生命《せいめい》の實相《じっそう》』の「霊界篇《れいかいへん》」にも出ているが、この書《しょ》に採録《さいろく》したのは英国心霊大学《ブリティッシュ・カレッジ・フォア・サイキカル・リサーチ》の学《がく》長《ちょう》マッケンジー博士《はくし》(数年前物故《すうねんぜんぶっこ》)が精神統一状態中《せいしんとういつじょうたいちゅう》の霊魂出遊現象《れいこんしゅつゆうげんしょう》によって七圏《けん》に分《わか》れている霊界《れいかい》を探険踏査《たんけんとうさ》してその状態を記述《きじゅつ》した記事《きじ》であって、それには当時《とうじ》「哲学者《てつがくしゃ》グループの集《あつま》っている」霊界の第《だい》四圏《けん》にいたハー

進上　進呈すること

『信仰革命』　大正十五年、三土社刊及び天玄洞刊。本全集第三十三巻「自伝篇」下巻八六頁参照

刹那　瞬間

幽体　人間は外側の肉体から順にエーテル体・幽体・霊体・本体という「体」で組織されている

脱離　ぬけ出ること

「霊界篇」　本全集では第十六～十八巻

英国心霊大学　一九二〇年にマッケンジー夫妻によって設立された心霊研究のための施設

マッケンジー博士　James Hewat McKenzie　一八六九～一九二九年。スコットランド生まれの心霊研究家

物故　死去すること

踏査　実際に出かけて行って調べること

ヴァード大学《だいがく》のウィリアム・ジェイムズ教授《きょうじゅ》の霊《れい》が指導霊《ガイド》となったといわれている。その記録《きろく》は『生命《せいめい》の實相《じっそう》』中《ちゅう》のヴェッテリニの霊界通信《れいかいつうしん》と符節《ふせつ》を合《あわ》して霊界存在《れいかいそんざい》の真実性《しんじつせい》を一層《いっそう》ハッキリ確認《かくにん》せしむるものがある。この書《しょ》を戦死者《せんししゃ》の遺族《いぞく》に、また戦死者でなくとも、良人《おっと》を、妻《つま》を、子を、親類縁者《しんるいえんじゃ》を失える悲しめる遺族たちに贈《おく》ることは大《おお》いなる意義《いぎ》と慰《なぐさ》めとを与うるものであると思う。

先日高知《せんじつこうち》の一誌友《しゆう》から、戦死せる婚約《こんやく》の青年《せいねん》に殉《じゅん》ずるために戦死の報知《ほうち》を受取《うけと》ると同時《どうじ》にカルモチンを致死量《ちしりょう》飲んだ令嬢《れいじょう》が医者《いしゃ》の手当《てあて》で蘇生《そせい》したが、殉死《じゅんし》を覚悟《かくご》せる彼女《かのじょ》は、遺骨到着《いこつとうちゃく》の日に再《ふたた》び自殺《じさつ》すると主張《しゅちょう》して頑《がん》として応《おう》じない、そして「妾《わたし》は『生命《せいめい》の實相《じっそう》』の全《ぜん》十五巻《かん》を悉《ことごと》く読みましたが、その三分《ぶん》の一は運命《うんめい》であり、三分の一は自己《じこ》の決定《けってい》により、その三分の一は霊界の高級《こうきゅう》の霊魂人《スピリット》の運命の修正《しゅうせい》により避《さ》け得《う》るとあるだけで、自殺は悪いとは『生命《せいめい》の實相《じっそう》』には書いてはないから、自殺は悪いとは思いません」と主張するので、何《なん》とか私から自殺を思い止《とど》らす手紙《てがみ》を書いてくれ、と

ウィリアム・ジェイムズ教授　一八四二〜一九一〇年。米国の哲学者、心理学者。プラグマティズムの創始者の一人。西田幾多郎、夏目漱石などにも影響を与えた

霊界通信　霊界の霊魂からの通信。霊的能力にすぐれた霊媒が仲立ちして行う。本全集第十六〜十八巻「霊界篇」参照

符節を合せる　二つの事柄がぴったり合うこと

報知　知らせ。通知

カルモチン　Calmotin　劇薬指定の鎮静催眠剤ブロムワレリル尿素の商標名。ブロムラール

致死量　人や動物を死亡させ得る薬物量

全十五巻　本書執筆当時は黒布表紙版全集は全十五巻までであった。その後全二十巻に増補された

いう要求《ようきゅう》を受取《うけと》った。その私からの手紙《てがみ》が到着《とうちゃく》しない先《さき》に遺骨《いこつ》が着いた。彼女《かのじょ》は再《ふたた》び遺骨の到着した日に、前回《ぜんかい》よりも大量《たいりょう》の超致《ちょうち》死量《しりょう》の薬剤《やくざい》を呑《の》んだ。しかし彼女は死ななかった。霊界《れいかい》から高級霊《ハイ・スピリット》の干渉《かんしょう》があったのであろう。しかも更《さら》に彼女は第《だい》三回目の自殺《じさつ》を考えていた。そこへ私からの手紙(家内《かない》に代筆《だいひつ》をさせた)が着いた。その手紙によって辛《かろ》うじて彼女は慰《なぐさ》められ、三回目の自殺は思《おも》い止《とど》ったのであった。

私の記憶《きおく》の中《うち》には、或《あ》る霊界通信《れいかいつうしん》に因《よ》れば、自他《じた》を超越《ちょうえつ》した神の目からは、自殺は他殺《たさつ》と同じく殺人《さつじん》であると書いてあって、そのことを『生命《せいめい》の實相《じっそう》』の中《なか》に書いておいたと思って、『生命《せいめい》の實相《じっそう》』の索引《さくいん》によって検《しら》べてみたが見出《みいだ》すことが出来《でき》なかった。だから、それに対《たい》する返事《へんじ》は記憶《きおく》によって書いたのだった。あとで気がついてみると、それは今度《こんど》出る『人間《にんげん》死んでも死なぬ』の本の中《なか》に自殺者《じさつしゃ》の霊魂《れいこん》が霊界へ移行《いこう》しても自殺の時《とき》の行為《こうい》そのままの状態《じょうたい》で、例《たと》えば短刀《たんとう》を腹《はら》に刺《さ》したままの状態で永《なが》らく苦悶《くもん》を継続《けいぞく》して

家内　谷口輝子。明治二十九～昭和六十三年。大正九年に著者と結婚。生長の家の婦人の集まり「白鳩会」総裁としても著者を支え続けた

『生命の實相』の索引　谷口雅春原著並に校閲、田口精亮編纂、昭和十二年、光明思想普及会刊『生命の實相』の分類的研究：「生命の實相」の要点抜萃及び総索引』を指すと思われる

苦悶　もがき苦しむこと

いるのだというような霊界通信《れいかいつうしん》の実例《じつれい》が書いてあるのであった。しかもこの書《しょ》に収《おさ》められている霊界通信の中《なか》には、欧洲大戦中砲弾《おうしゅうたいせんちゅうほうだん》の破片《はへん》に中《あた》って戦死《せんし》した兵士《へいし》の霊魂《れいこん》が、少しも傷《きず》つかずに自分《じぶん》の遺骸《いがい》を眺《なが》めながら歩いていたという通信《つうしん》もある。我執《がしゅう》で死ぬのと、国家《こっか》に献《ささ》げて死するのとは、死の意義《いぎ》の異《ことな》るのがこれでも分《わか》る。

こういうことをこの本によって戦死者《せんししゃ》の遺族《いぞく》に知らせてやりたい。

戦死を悲惨《ひさん》だと思うのは間違《まちがい》である。この間違《まちがい》の中《なか》から反戦思想《はんせんしそう》が生《うま》れ、戦後《せんご》の国家攪乱運動《こっかこうらんうんどう》が羽含《はぐく》まれる。霊界の消息《しょうそく》を知るとき、戦死は実《じつ》に光栄《こうえい》であり、霊魂《れいこん》の高揚《こうよう》であるのだ。

二月二十二日

『生命《せいめい》の實相《じっそう》』を読んで薬《くすり》を廃《や》めて病気《びょうき》の治《なお》る人《ひと》もある。薬を廃《や》めないで治《なお》る人もある。又却《またかえ》って薬を拝《おが》んで服《の》むようになり、心境《しんきょう》の一変《いっぺん》と共《とも》に病勢《びょうせい》

欧洲大戦　本書三一頁「世界大戦」に同じ
遺骸　なきがら。遺体
我執　自分の考えや判断にとらわれて離れられないこと
攪乱　かき乱して混乱を起こさせること
消息　ありさま。事情
高揚　精神や士気などが高まること

頭注版㊲六一頁

頓《とみ》に減《げん》ずる人《ひと》もある。これはその人ひとりひとりの心の悟《さと》りである。刺身《さしみ》庖丁《ぼうちょう》を見て、それで人殺《ひとごろ》しをする人もあれば、自殺《じさつ》する者《もの》もある。又庖丁《またほうちょう》は庖丁だけに魚肉《ぎょにく》だけを料理《りょうり》して喜《よろこ》ぶ人もある。先日《せんじつ》はまた医師《いし》がメスを出すのを見て発狂《はっきょう》して鉄道自殺《てつどうじさつ》を遂《と》げた美貌《びぼう》の若き母があった。それはまたその人ひとりひとりの心境《しんきょう》の問題《もんだい》である。偶々《たまたま》庖丁で人殺しをしたり、メスを見て発狂又《また》は自殺をしたりする人があるからとて、庖丁やメスは危険《きけん》であるからといって、その発売《はつばい》や所有《しょゆう》を禁止《きんし》したり、メスや庖丁を殺人罪《さつじんざい》で告《こく》発《はっ》したら滑稽《こっけい》であろう。

『生命《せいめい》の實相《じっそう》』には病人《びょうにん》に対《たい》して無暗《むやみ》に医薬《いやく》の服用《ふくよう》を止《や》めよと書いたところは一句《く》もない。例《たと》えば『生命《せいめい》の實相《じっそう》』の巻頭《かんとう》の神示《しんじ》には、

「若し病人にして医薬を服用する者あらんにはそれを四口《くち》に分けて飲み、この同じ想念をなして飲めば病《やま》い必《かなら》ず速《すみや》かに癒《い》えるのである。すべての他《た》の人《ひと》

頓に　にわかに。急に

神示　三十三ある生長の家の神示のうち「生長の家の食事」を指す。戦前版の『生命の實相』の巻頭に掲載されていたが戦後発行の各版には掲載されていない

の罪《つみ》を恕《ゆる》すは、吾《われ》らの過《あやまち》をも亦大生命《まただいせいめい》なる神より恕《ゆる》されんがためである。若《も》し吾等《われら》が心を閉じて他《た》を恕《ゆる》さなければ、大生命《だいせいめい》の癒能《いやすちから》もまた閉《と》ざされて吾等《われら》に流《なが》れ入《い》ることは出来《でき》ないのである。」

　この「同じ想念」をなすというのは「一口目《ひとくちめ》を手にしては、是《こ》れ今迄過《いままであやま》ちて人《ひと》に対して憎《にく》み怒《いか》りし自己《じこ》の罪が神によって赦《ゆる》されんがための供物《そなえもの》であると念《おも》いて服《の》み、二口目を手にしては是《こ》れすべての人の罪が神によりて赦《ゆる》されんがための供物《そなえもの》であると念《おも》いて服《の》み、三口目を手にしては是《こ》れ神の護《まも》りによりて自己が再《ふたた》び隣人《りんじん》を憎《にく》み怒《いか》るの罪を犯《おか》さざらんが為《ため》の供物《そなえもの》であると念《おも》いて服《の》み、四口目に一杯《ぱい》の飲料《いんりょう》を手にしてはすべての人の罪をこの水の如《ごと》く吾《わ》が心より洗い流して心にとどめざらんがための象徴《しるし》であると思って服《の》む」べきことがその前行《ぜんぎょう》の文章《ぶんしょう》に書いてあるのである。

　これは薬物服用《やくぶつふくよう》の際《さい》に於《お》ける心の持方《もちかた》の懇切《こんせつ》なる指導《しどう》である。それが『生《せい》命《めい》の實相《じっそう》』の、特《とく》に巻頭《かんとう》に書いてあったのは、それが重大《じゅうだい》な事柄《ことがら》であるからである。近代《きんだい》のサイコアナリシス（精神分析《せいしんぶんせき》）は観念泄瀉《かんねんせっしゃ》が心的原因《しんてきげんいん》の病気《びょうき》の治療《ちりょう》に大《おお》いなる効果《こうか》あることを証明《しょうめい》した。この神示《しんじ》にはっきりと書いてあるところの方法《ほうほう》は、医薬《いやく》の服用《ふくよう》と同時《どうじ》に観念泄瀉《かんねんせっしゃ》を行《おこな》う方法であるともいえるのである。『生命《せいめい》の實相《じっそう》』は現《げん》に医薬を服用していない者《もの》に「医薬を服《の》め」とは勧《すす》めてはいないが、「病人にして医薬を服用する者あらんには……斯《か》く斯《か》くの心持《こころもち》にて服め」と書いてあるのであって、「服むな」とか「その服用を廃《はい》せよ」とは書いてはいない。然《しか》るに『生命《せいめい》の實相《じっそう》』を読んで、薬を廃《や》める者《もの》があるのは、仏教的真理《ぶっきょうてきしんり》「色即是空《しきそくぜくう》」（物質本来無《ぶっしつほんらいな》し）、又《また》は諸法皆空《しょほうかいくう》（現象《げんしょう》本来無《な》し）の思想《しそう》に目覚《めざ》めた結果《けっか》、自己内在《じこないざい》の生命《せいめい》の自然療能力《しぜんりょうのうりょく》に頼《たよ》ることを重んじて物質的薬剤《ぶっしつてきやくざい》に頼ることを軽視《けいし》するようになるからである。

サイコアナリシス　ジークムント・フロイトが始めた人間の深層心理を扱う学問。本全集第十一巻「精神分析篇」参照

観念泄瀉　押さえていた思いを吐き出すこと

色即是空　『般若心経』にある言葉。すべての形あるものは仮のものであり本当はないということ

諸法皆空　仏教語。この世のあらゆる事物はすべて因縁から生じたもので、実体とか本体、我などと称されるものが全くない空しいものだということ

二月二十三日

或《あ》る教化団体《きょうかだんたい》の或《あ》る講師《こうし》が或《あ》るところへ講演《こうえん》に出かけて往《い》った。彼《かれ》はその教化団体で救《すく》われ人生観《じんせいかん》が一変《いっぺん》し、性格《せいかく》が一変し、生活《せいかつ》が一変したものであるからその事《こと》を聴　衆《ちょうしゅう》に語りたかった。どんなに自分《じぶん》の生活が一変したかということを知らせるには、自分の過去《かこ》の生活を述《の》べねばならない。彼は「私はこんなに悪い者《もの》だったのです」といって女を瞞《だま》したことや、酒を飲んだことなどを過去の生活を懺悔《ざんげ》のつもりで五十分間《ぷんかん》も喋《しゃべ》り続《つづ》けた。そしてこんな浄《きよ》まった生活になったのはこういう動機《どうき》であるといって、その転向《てんこう》の明暗《めいあん》を明瞭《はっきり》させるつもりであったのだが、彼が五十分間も自分の過去の罪悪《ざいあく》を喋《しゃべ》っている間《あいだ》に、聴衆は「そんな悪い人《ひと》の話は聴《き》く必要《ひつよう》はない」と一人《ひとり》去り二人《ふたり》去りして、彼が本当《ほんとう》によくなったところを話す頃《ころ》には聴衆は四分《ぶん》の一に減《へ》ってしまった。

頭注版㊲六三頁

懺悔　犯した罪を神や人に告白すること
転向　方向や立場などを変えること

懺悔《ざんげ》でも、悪い事《こと》をあまり喋《しゃべ》りつづける者《もの》は、ついに人《ひと》の信用《しんよう》を墜《おと》すものである。言葉は力《ちから》であるから出来《でき》るだけ善《よ》い事を喋《しゃべ》らねばならぬ。美人《びじん》の色の白さを引立《ひきた》てるための斑点美粧《ビューティ・スポット》も、それが顔半面《かおはんめん》一パイに及《およ》ぶようになっては痣《あざ》として間違《まちが》えられる。光《ひかり》を引立《ひきた》たす陰影《かげ》は濃《こ》く、但《ただ》し少量《しょうりょう》でなければならぬ。

二月二十四日

善人《ぜんにん》ということは正しいばかりが善人ではない。善悪《ぜんあく》の標準《ひょうじゅん》は生長《せいちょう》の家《いえ》の出現《しゅつげん》によって変化《へんか》したのである。正しくても暗い人は善人ではない、その人は自分《じぶん》を殺し、他《ひと》を殺すからである。正しくとも捉《とら》われる人は善人ではない、その人は自分を窮屈《きゅうくつ》にし、他《ひと》と争《あらそ》い、自分を殺し、他《ひと》を殺すからである。正しくとも力《ちから》の弱い人は善人ではない、彼《かれ》は自分を殺し、他《ひと》を助けることが出来《でき》ず、同時《どうじ》に他《ひと》を見殺《みごろ》しにせねばならぬからである。

頭注版㊲六四頁

どんなに正しい胸《むね》せまき人《ひと》たちが病気《びょうき》になったことであろう。真直《まっすぐ》なということだけが善《ぜん》ではない。三角も四角も円《えん》も楕円《だえん》も善《ぜん》である。人時所三相応《にんじしょそうおう》せるものが善である。生かす事《こと》が真理《しんり》である。真直《まっすぐ》なばかりが善だと思っているために腹《はら》を立てたり、胸が塞《ふさ》がって死んだ人の数《かず》は欧洲大戦《おうしゅうたいせん》で死んだ人の数より多いのである。

頭注版㊲六四頁

二月二十五日

絶《た》えず親《おや》から叱《しか》られ続けて来た子は、どうも気遅《きおく》れしがちである。そうでなければ極端《きょくたん》に反抗的《はんこうてき》に乱暴《らんぼう》である。

気遅れ　おじけづいて心がひるむこと

この世《よ》の中《なか》に悪人《あくにん》はいないということ、もし欠点《けってん》を指摘《してき》してくれる者《もの》があったら、その人は決《けっ》して悪意《あくい》からではなく、自分《じぶん》をよくしてくれるために教《おし》えてくれるものであるということを幼《おさな》い時《とき》から子供《こども》に知らすことが肝要《かんよう》である。

肝要　非常に大切なこと

子供《こども》の（大人《おとな》も同じであるが）欠点《けってん》を直《なお》すために指摘《してき》する際《さい》に、腹立《はらだ》ち声《ごえ》を出すことは何《なん》の益《えき》もない。ただ気遅《きおく》れのする子供を作るだけである。その性質《せいしつ》は生長後《せいちょうご》も時《とき》として一生涯《いっしょうがい》つきまとい、その人《ひと》の運命《うんめい》の重荷《おもに》となることがあるものである。親《おや》が子を害《がい》していると知らないで、どんなに多くの子を害していることであろう。

心理学者《しんりがくしゃ》の実験《じっけん》によると、幼児《ようじ》は一定度《いっていど》以上《いじょう》の高声又《こうせいまた》は高音響《こうおんきょう》に対《たい》して本能的《ほんのうてき》に恐怖《きょうふ》の表情《ひょうじょう》を示すのである。そのことは学童《がくどう》以上《いじょう》の年齢《ねんれい》になっても継続《けいぞく》する。もし子供をよくしてやりたいとの深切《しんせつ》から子供の欠点を指摘するような場合《ばあい》には、普通《ふつう》の話以上《いじょう》の高声《こうせい》を出したり、憤怒《ふんぬ》の調子《ちょうし》を帯《お》びた言葉で話してはならないことである。もし相手《あいて》に訓示《くんじ》を与える際《さい》に相手に恐怖や不快《ふかい》の念《ねん》を与えたら、それは反抗《レジスタンス》となって折角《せっかく》話したことが反対《はんたい》の結果《けっか》になることがある。

恐怖は閉《と》じる心である。形《かたち》は心の影《かげ》である。蛤《はまぐり》を見て悟《さと》るが好《よ》い。高音《こうおん》

訓示　上の者が下の者に注意や教えを示すこと

を出して恐《おそ》れさせれば、その蛤《はまぐり》は貝殻《かいがら》を閉じるであろう。貝殻《かいがら》を閉じる蛤《はまぐり》のような気遅《きおく》れのする人間《にんげん》に育てたのは、物《もの》を教《おし》えるときに使う荒立《あらだ》った高声《こうせい》である。

二月二十六日

腹《はら》を立てることと、相手《あいて》に対《たい》して悪意《あくい》を抱《いだ》くことは相手を殺すことになる。今日《きょう》、中島《なかじま》さんが入《はい》って来てこんな話をした。○○電気局長《でんききょくちょう》のN氏《し》、ある婦人《ふじん》と婚約《こんやく》したが、しばらくの後《のち》その婚約した婦人のところへN氏から送られて来たものは、N氏が既《すで》に別《べつ》の婦人と結婚《けっこん》したという通知《つうち》のハガキであった。あとで聞いてみると、曩《さき》の婦人はその時《とき》ハッと思っただけで深く怨《うら》みに思ったわけではなかったというが、ともかく重大《じゅうだい》な問題《もんだい》について約束《やくそく》を破《やぶ》られたのであるから、強い衝動《しょうどう》を受けたということは明《あきら》かである。それからが問題《もんだい》である――

頭注版㊲六六頁

爾来《じらい》、N氏《し》の結婚生活《けっこんせいかつ》は不幸《ふこう》であった。N氏の新妻《にいづま》は常《つね》に病気《びょうき》で、ほとんど健康《けんこう》な日とてはなかった。その間《あいだ》に一人《ひとり》の女児《じょじ》を儲《もう》けたが、N氏の家族《かぞく》は妻《つま》の病気のために不快《ふかい》な日がつづいた。N氏が三回目《かいめ》に逓信省《ていしんしょう》の辞令《じれい》によって洋行《ようこう》したとき、N氏はどういう考えだか、その夫人《ふじん》との十三年間《ねんかん》の結婚生活を解消《かいしょう》すべく離縁状《りえんじょう》を送った。

夫人が結婚生活以来《いらい》十三年間の病気は、その結婚解消《けっこんかいしょう》と同時《どうじ》にたちまち完全《かんぜん》に治《なお》ってしまったのであった。

N氏は今《いま》また別《べつ》の婦人《ふじん》と夫婦生活《ふうふせいかつ》を営《いとな》んでいるが、常《つね》に夫婦喧嘩《ふうふげんか》の絶《た》え間《ま》がないそうである。中島《なかじま》さんの話はこれだけである。あとは私の感想《かんそう》である。

第《だい》一の約束《やくそく》は先取的特権《せんしゅてきとっけん》として最高権威《さいこうけんい》をもち、是非《ぜひ》とも守るべきものである。守らない位《くらい》ならば、イエス・キリストも「誓《ちか》うなかれ」といったように約束すべきではなかったのである。已《や》むを得《え》ずに約束を破らねばならぬ

爾来　それ以来

逓信省　明治十八年に内閣制度の発足に伴って設置された中央官庁。通信および交通運輸の行政を総轄した。昭和二十四年に郵政省と電気通信省とに分割された

辞令　雇用主が従業員に対して人事異動や転勤、昇進などを命ずる書類

洋行　欧米に渡航すること

「誓うなかれ」『新約聖書』「マタイ伝」第五章三三～三七節のイエスの言葉。本全集第四十八巻「聖典講義篇」一一二頁参照

ようになったならば、一片《いっぺん》の葉書《はがき》などで破約《はやく》すべきものではない。先方《せんぽう》が大《だい》調和《ちょうわ》の心持《こころもち》で快諾《かいだく》するまで充分《じゅうぶん》話し合って、心残りのないように充分合理《ごうり》性《せい》を持たせて事件《じけん》を落着《らくちゃく》せしむべきものである。

最初《さいしょ》の約束《やくそく》を破《やぶ》って、N氏《し》が結婚《けっこん》した二人目《ふたりめ》の婦人《ふじん》が始終不健康《しじゅうふけんこう》であったのは、最初の婦人の恨《うら》みの念《ねん》が、二番目《ばんめ》の婦人を縛《しば》っていたのだとも解《かい》することが出来《でき》るのである。或《あるい》はN氏自身《しじしん》の自己審判《じこしんぱん》の潜在意識《せんざいいしき》が夫人《ふじん》に移入《いにゅう》して夫人が十三年間《ねんかん》も病気《びょうき》していたのとも解せられる。ともかく到頭《とうとう》N氏は二番目の婦人を去る事《こと》によって、最初に約束をしたその婦人に申訳《もうしわけ》をしたのである。

言葉で充分相手《じゅうぶんあいて》に申訳《もうしわけ》をして潜在意識がその行為《こうい》の合理性に納得《なっとく》せしめられていたならば、生活《せいかつ》や行為に不幸《ふこう》な現象《げんしょう》を現《あらわ》して最初の婦人に申訳《もうしわけ》する必要《ひつよう》はなかったに相違《そうい》ないのである。

破約　約束を破ること
快諾　快く承諾すること
落着　きまりがついて落ち着くこと
自己審判　自分をさばくこと

二月二十七日

合理性《ごうりせい》――ということは現象《げんしょう》を決定《けってい》する大《おお》いなる要因《よういん》となることがある。この世《よ》は理《り》で支配《しはい》されている世界《せかい》なのである。理責《りぜ》めにすれば幽霊《ゆうれい》や病気《びょうき》でさえも消えることがある。『般若心経《はんにゃしんぎょう》』で幽霊が消えるのは、それは高遠《こうえん》な哲理《てつり》の表現《ひょうげん》であるからである。病患部《びょうかんぶ》に対《たい》し神想観《しんそうかん》をして、「完全《かんぜん》なる神の造《つく》り給《たま》いしこの世界には、本来《ほんらい》病気は存在《そんざい》し得《え》ないのだ」と理論《りろん》を繰返《くりかえ》し繰《くり》返《かえ》し黙念《もくねん》することによって不治《ふち》の病気が治《なお》るのは、「有る」という病気の主《しゅ》張《ちょう》に対《たい》して「無《な》し」という理責《りぜ》めの方《ほう》が打勝《うちか》つからである。（治病《ちびょう》のための施念法《しねんほう》の詳細《しょうさい》は拙著《せっちょ》『健全《けんぜん》の真理《しんり》』生活応用篇《せいかつおうようへん》を参照《さんしょう》せられたい。）

通俗医書《つうぞくいしょ》を読んで素人《しろうと》が病気に罹《かか》り易《やす》くなるのは、「病気が有る」という理論の方《ほう》がその人《ひと》の心の中《なか》で優勢《ゆうせい》になるからである。

理責《りぜ》めのこの世界に於《おい》て、吾々《われわれ》の戦《たたか》う人生《じんせい》の武器《ぶき》は「理論」であるのであ

頭注版㊲六八頁

理責め　理屈で相手をやりこめること

『般若心経』　『般若波羅蜜多心経』の略。『大般若経』の精髄を二六二文字にまとめた最も短い仏教経典

高遠　はかり知れないほど広く深いさま

哲理　奥深い道理

神想観　著者が啓示によって得た坐禅に似た観法。本全集第十四、十五巻「観行篇 神想観実修本義」参照

黙念　声を出さずに念ずること

不治　病気が治らないこと

施念法　想念の方法

『健全の真理』生活応用篇　昭和二十七年、日本教文社刊。谷口雅春・谷口清超共著

通俗医書　一般向けに書かれた医学書

る。多少理論《たしょうりろん》に飛躍《ひやく》はあっても、光明《こうみょう》のみがこの世《よ》に存在《そんざい》すると理論体系《りろんたいけい》「生命《せいめい》の実相《じっそう》」を自分《じぶん》の心の中《うち》に蓄積《ちくせき》する者《もの》は、病気《びょうき》を征服《せいふく》し、艱苦《かんく》を征服し、ついに自己《じこ》の人生《じんせい》を征服して光明の人生と化《か》し得《う》る。

艱苦 悩み苦しむこと。艱難辛苦

二月二十八日

よろこび、よろこぶところに喜《よろこ》びが集《あつま》ってくる。昨日《きのう》もよろこび、今日《きょう》もよろこび、明日《あす》もよろこぶ。よろこぶ心で世界《せかい》を見れば皆《みん》ながよろこんでいる。お空がよろこび、空気がよろこび、光線《こうせん》がよろこび、新緑《しんりょく》がよろこび、小鳥《ことり》がよろこび、鳩《はと》がよろこび、人間《にんげん》がよろこんでいる。心がよろこべば、太陽《たいよう》が万物《ばんぶつ》に照《て》ったように万物が輝《かがや》いて見える。心が暗くなれば、太陽が陰《かげ》ったように万物が暗く見える。わたしの仕事《しごと》はただよろこぶことだけである。

頭注版㊲六九頁

三月　弥々《いよいよ》生《お》ういのち

三月一日

啓示《けいじ》——

人間《にんげん》は小宇宙《しょううちゅう》である。大宇宙《だいうちゅう》の力《ちから》即《すなわ》ち神が万物《ばんぶつ》を創造《そうぞう》したがように、吾々《われわれ》も万物を創造《そうぞう》する。神が心をもって万物を創造《つくりだ》し給《たま》うたように人間も心をもって万物を造《つく》り出《だ》す。神が万物を言葉によって創造《つくりだ》したように人間も言葉をもって万物を創造《つく》り出《だ》すのである。人間もこの意味《いみ》に於《おい》て創造主《つくりぬし》だ。

第《だい》一の創造《そうぞう》は神の「世界及《せかいおよ》び人間創造《にんげんそうぞう》」である。

神は既《すで》に世界を創造《つくりだ》し給《たま》うたのである。それは常《つね》に現在完了《げんざいかんりょう》である。人間は既《すで》に神の肖像《にすがた》に創造《つく》られたのである。(「創世記《そうせいき》」第一章《しょう》)そしてすべてのもの善《よ》し(「創世記」第一章)である。この事《こと》は否定《ひてい》出来《でき》ない。「創世記」第一章の天地《てんち》人間の創造《そうぞう》は既《すで》に完了しているのである。既《すで》に完全《かんぜん》であり、過去《かこ》も、今《いま》も、未来《みらい》も常に現在完了である。而《しか》して常に善《ぜん》である。病気《びょうき》

弥々生うる(前頁) 三月の異名「弥生(やよい)」より

頭注版㊲七二頁

啓示 神が真理を人間にあらわし示すこと

現在完了 動作や状態が今終わったこと。また、過去から現在まで続いていること

「創世記」 『旧約聖書』の冒頭に収められている天地創造の物語。本全集第十九巻「万教帰一篇」上巻第一章参照

の人間《にんげん》もおらぬ。貧乏《びんぼう》の人間もおらぬ。苦しんでいる人間もおらぬ。これは「全《すべ》てのもの甚《はなは》だ善《よ》しと宣《のたま》うた」「創世記《そうせいき》」第《だい》一章《しょう》の神の宣言《せんげん》にあらわれている。神の宣言は覆《くつがえ》すことは出来《でき》ない。すべてのもの甚《はなは》だ善《よ》しである。人間はその霊長《れいちょう》である。人間はすべての物《もの》を支配《しはい》する権《けん》を与えられたとある。黴菌《ばいきん》も、気候《きこう》も、衣食《いしょく》住《じゅう》も吾々《われわれ》を支配することは出来ぬ。人間に病気《びょうき》はない。

霊長　万物の中で最もすぐれたもの

三月二日

啓示《けいじ》の第《だい》二――

人間は完全《かんぜん》である、人間に病気はない。これは第一の創造《そうぞう》である。Elohim《エロヒム》神《がみ》の創造である。「創世記《そうせいき》」の第一章にある創造神《つくりぬし》の名はエロヒム神《がみ》である。

人間には病気がある。神は土の塵《ちり》にて造《つく》られたるが故《ゆえ》に土の塵《ちり》に還《かえ》らん

頭注版㊲七三頁

エロヒム神　『旧約聖書』で「神」を表す普通名詞。特定の神を指す固有名詞ではない

——これは第《だい》二の創造《そうぞう》であり、エホバ神《がみ》の創造、「創世記《そうせいき》」第二章《しょう》以後《いご》の創造である。エホバ神の創造した人間《にんげん》は本質《ほんしつ》に於《おい》て「土の塵《ちり》」であるが故《ゆえ》に、本質に於《おい》てエロヒム神《がみ》の創造したものを神へと背反《はいはん》させた、換言《かんげん》すればすべての被造物《ひぞうぶつ》をエデンの楽園《らくえん》から追出《おいだ》したのである。かくして「エデンの楽園」から追放《ついほう》せられたる人間は苦しみて食《しょく》を得《え》、苦しみて子を生《う》むことになったのである。

しかし、エデンの楽園の世界《せかい》のほかに国土《こくど》があるであろうか。神——全智《ぜんち》にして、全能《ぜんのう》、無限愛《むげんあい》にして救《すく》いの行《ゆ》きとどいている神が「その造《つく》りたる全《すべ》てのものを視《み》たまいけるに甚《はなは》だ善《よ》かりき」とある以上《いじょう》は、即《すなわ》ち、全ての国土はエデンの楽園であったのだ。エデンの楽園のほかに国土はない。このエデンの楽園なる国土を実在《じつざい》の国土又《また》は実相《じっそう》の国土という。

実在の国土のみがある。実相の国土のみがある。エデンの楽園のみがある。エデンの楽園から人間を逐出《おいだ》しても人間が行《ゆ》くべき国土は造《つく》られていな

背反　そむくこと
被造物　神によって創造されたもの
かくして　このようにして
エデンの楽園　『旧約聖書』「創世記」第二〜三章に描かれた楽園。神によってつくられた最初の人間アダムとイヴが住んだ。本全集第十九巻「万教帰一篇」上巻参照

い。だから人間《にんげん》は常《つね》に今エデンの楽園《らくえん》に住んでいるのだ。

そこでこういうことが判《わか》る。真実の人間はどうしてもエデンの楽園から追《つい》放《ほう》され難《がた》きものである。もし神の造《つく》り給《たま》いし実在《じつざい》の国土《こくど》に、エデンの楽園《らくえん》以《い》外《がい》の如《ごと》き不完全《ふかんぜん》な世界《せかい》があると予想《よそう》するならば神を冒瀆《ぼうとく》するものである、神を瀆《けが》すものである。

では、真実《しんじつ》の人間はエデンの楽園を決《けっ》して逐出《おいだ》されてはいない——この実相《ほんとのすがた》に目覚《めざ》めよ。そしたら「誰《たれ》が？」エデンの楽園からエデンの楽園以外の「どこへ？」逐出《おいだ》されたのであるか。

誰《たれ》が？　どこへ？　答えて曰《いわ》く——「無《な》い人間」が、「無《な》い世界《せかい》へ」逐出《おいだ》されたのである。神は決して、罪《つみ》を犯《おか》すような悪《あく》の人間をこの世界《せかい》に造《つく》っておかなかったし、そんな人間をとじ込《こ》めておく牢獄的《ろうごくてき》世界《せかい》を造ってもおかなかったのである。

冒瀆　神聖なものをけがしたり、おとしめたりすること

三月三日

しかし人間《にんげん》が現《げん》に苦しんでいる事実《じじつ》をどうするか。

人間よ、もし、汝《なんじ》が病《やまい》であり、不幸《ふこう》であり、苦しみがあると思うならば、眼《め》を瞑《つむ》って、「そんなものは神が造《つく》らなかったのだ。無い人間が無い苦しみを苦しんでいるごとく今迄《いままで》自分《じぶん》は間違《まちが》って空想《くうそう》していたのだ」と心に念《ねん》じて、現在《げんざい》のその病《やまい》を、苦しみを、悩《なや》みを、否定《ひてい》してしまえ。否定が完全《かんぜん》の極《きょく》に達《たっ》したら肉体《にくたい》が変化《へんか》を起《おこ》す。境遇《きょうぐう》が変化を起《おこ》す。周囲《しゅうい》の人々《ひとびと》の自分《じぶん》に対《たい》する冷淡《れいたん》が熱意《ねつい》に変《へん》ずる。

如何《いか》にあるが如《ごと》く感覚《かんかく》に見えるとも、感覚は実在《じつざい》のほんとのすがたを見るものではない。『甘露《かんろ》の法雨《ほうう》』にあるように「感覚はただ信念《しんねん》の影《かげ》を見るに過ぎない」のだ。

無い人間が無い苦しみを苦しんでいたことの愚《おろ》かなることよ。おお！　無

頭注版㊲七四頁

い人間が無い苦しみを苦しんでいたのか、と思い直《なお》すだけでも、この苦しみに踞《ちぢか》まっていた肉体の人間が「本当《ほんとう》の私」ではなかったのだと思うだけでも、生きる力《ちから》が内《うち》から湧《わ》き出《で》て来るではないか。

　これが否定《ひてい》の妙用《みょうよう》である。

　慈悲《じひ》とは抜苦与楽《ばっくよらく》即《すなわ》ち「苦《く》の否定」と「楽《らく》の肯定《こうてい》」である。苦《く》を否定したならば次には楽《らく》を肯定すべしである。

　苦しみはあるかの如《ごと》く見えても、無い人間が無い苦しみを苦しんでいるのであるから自分《じぶん》は今《いま》もう既《すで》に完全《かんぜん》である、病気《びょうき》もない、苦しみもない。かく真《しん》に肯定して立上《たちあが》るものには、既《すで》に病気はなく、苦しみはなく、不幸はない。アリと見たのは自分の信念《しんねん》の錯覚《さっかく》であった事《こと》が判《わか》るだろう。

　無《な》いものは無《な》いのだ。この言葉を百遍《ぺん》心の中《なか》で唱《とな》え、如何《いか》に悪《あ》しきものがアルが如《ごと》く見えようとも断乎《だんこ》として心の力で否定し去《さ》れ。

踞まる　身をかがめる。背を丸くする

妙用　霊妙な作用

抜苦与楽　仏教語。仏や菩薩が人々の苦しみを取り除いて楽を与える慈悲の働き

三月四日

無《な》いものが何故《なぜ》アルかの如《ごと》く現《あらわ》れて見えるのであるか。これは釈迦《しゃか》の説《と》いた三界唯心《さんがいゆいしん》の理《り》による。簡単《かんたん》にいえば「思うとおりに現れる」のである。眼《め》を瞑《つむ》って、心の中《なか》で「薔薇《ばら》の花、薔薇《ばら》の花」と幾回《いくかい》も念《ねん》じ思いつつ眼瞼《まぶた》の裏《うら》に薔薇《ばら》の花の現れることを予想《よそう》するならば、明《あきら》かに薔薇《ばら》の花は眼瞼《まぶた》の裏にあらわれる。

それは、幻《まぼろし》の薔薇《ばら》の花であって、本当《ほんとう》の薔薇《ばら》の花ではないという人《ひと》があるかも知れない。無論《むろん》これは、無いものでも現れて見えるということを説明《せつめい》するための喩《たとえ》である。しかし眼瞼《まぶた》の裏の薔薇《ばら》の花は一つの約束(視神経《ししんけい》)の上に起《おこ》った波であり、土から萌《も》え出《い》でている薔薇《ばら》の花は、他《た》の約束《やくそく》(空間的《くうかんてき》広がり)の上に起《おこ》ったところの波である。

物質《ぶっしつ》が波であるということが判明《はんめい》するならば、視神経(物質)の上の波(幻

頭注版㊲七六頁

の薔薇《ばら》)も、空間的《くうかんてき》広がりを持つ土壌《どじょう》から萌《も》え出《いで》た波(薔薇《ばら》の花)も、程度《ていど》の差《さ》こそあれ、波であることに於《おい》て同質《どうしつ》のものであることが判《わか》るであろう。

生命の波が物質《ぶっしつ》に作用《さよう》しなかったら有機体《ゆうきたい》は生《うま》れない。植物《しょくぶつ》も動物《どうぶつ》も生《うま》れない。だから試験管《しけんかん》の中《なか》で、如何《いか》に人体構成《じんたいこうせい》の全《すべ》ての物質的要素《ぶっしつてきようそ》を入れて適当《てきとう》の温度《おんど》の中《なか》で化合《かごう》せしめても人体《じんたい》は無論出来《むろんでき》ないし、植物は勿論《もちろん》、微生《びせい》物《ぶつ》すらも出来ない。

生命の波が物質を動かすとき、物質が生命体《せいめいたい》に変化《へんか》し、微生物となり、植物となり、高等動物《こうとうどうぶつ》となり、人体となる。そしてその生命の波というものはただの機械的《きかいてき》なものではなく、偶然的《ぐうぜんてき》なものではなく、余程叡智的《よほどえいちてき》なものであることは、人間《にんげん》がすべて共通的《きょうつうてき》に二個《こ》の眼《まなこ》をもっていることや、(二眼構《がんこう》造《ぞう》が偶然《ぐうぜん》であるならば、三眼構造《がんこうぞう》もあっても不思議《ふしぎ》はない。)その眼《め》の構造が最高《さいこう》の光学的知識《こうがくてきちしき》と機構的知識《きこうてきちしき》とをもったものでないと造《つく》ることの出来ないような、最高複雑《さいこうふくざつ》な組織《そしき》のものであることや、単《たん》に眼《め》のみならず、あらゆ

有機体　炭素を含む化合物である有機物から成り、生活機能を持つ組織体

高等動物　進化の程度の高い動物。脊椎動物の場合は哺乳類など

る他《た》の器官《きかん》が、同様《どうよう》の程度《ていど》に最高複雑《さいこうふくざつ》な叡智的組立《えいちてきくみたて》をもっていることで判《わか》るのである。

このように生命の波は叡智的《えいちてき》なものであるが、生命《せいめい》の波はどうして物質《ぶっしつ》に作用《さよう》し得《う》るのであろうか。まず物質の波が心の波に変《へん》ずる実例《じつれい》をあげる。吾々《われわれ》が物質の波を感《かん》じて、「ここにこういうものがある」とそれを心に描《えが》く力《ちから》を表 象作用《ひょうしょうさよう》という。この心の作《はたら》きはただの物質的力《ぶっしつてきちから》ではない。写真機《しゃしんき》はレンズの背面《はいめん》にある乾板《かんぱん》に姿《すがた》をあらわし得《う》るが表 象 作 用《こころにあらわすちから》はない。表 象作用《ひょうしょうさよう》は物質の波が心の波に転《てん》じたことを示す。一方《いっぽう》の物質の波が他方《たほう》の心の波に転じたのである。物質の波が心の波に転《てん》じ得《う》るのは、物質の波が心の波と根柢《こんてい》に於《おい》て同一《どういつ》のものであるからではないか。熱《ねつ》が動力《どうりょく》に変《へん》じ、動力が電《でん》気波《きなみ》に変じ、電気《でんき》が質量《しつりょう》に変じ、磁気《じき》に変じ、光線《こうせん》に変じたりするのは、その構成《こうせい》が根柢《こんてい》に於《おい》て同じものの変形《へんけい》に過《す》ぎないからである。そうすれば、物質の波が更《さら》に心の波(表 象作用《ひょうしょうさよう》)に変《へん》じ得《う》るのは、物質と心とは根柢《こんてい》に於《おい》

表象作用　心の思いを姿や形として外面に現す働き

乾板　写真の感光材料。ガラスや樹脂の透明な板に写真乳剤を塗って乾かしたもの

根柢　物事の成立する土台となるもの

て同じものであるからではないか。

また吾々《われわれ》が心に手を挙《あ》げようと意志《いし》するとき手が挙がる。手が挙がるのは明《あきら》かに物質《ぶっしつ》に変化《へんか》が起《おこ》ったのであるが、手を挙げるように神経《しんけい》を刺戟《しげき》し、筋《きん》肉《にく》を収縮《しゅうしゅく》せしめたのは心である。かくの如《ごと》く蒸気《じょうき》のエネルギーが機関車《きかんしゃ》を動かす如《ごと》く、心のエネルギーは物質を動かす。心のエネルギーが物質を動かすのは心と物質とは本来同質《ほんらいどうしつ》のものであるからではないか。

かくて物《もの》は心となり、心は物となる。この点《てん》では物心一如論《ぶっしんいちにょろん》であり、唯心《ゆいしん》論《ろん》も採用出来《さいようでき》れば、唯物論《ゆいぶつろん》も採用し得《う》る。心とは精妙《せいみょう》なる作能《さのう》を備《そな》えた物質のある高級段階《こうきゅうだんかい》だともいえるし、物質とは精妙なるべき心のある低き静《せい》止的段階《してきだんかい》だともいうことが出来《でき》る。

同一物《どういつぶつ》の一層《いっそう》精妙なる段階を「心」といい、同一物が一層精妙ならざる段階を「物質」というとすれば、どちらがより本源的《ほんげんてき》であるであろうか。唯物《ゆいぶつ》論者《ろんしゃ》は、低度《ていど》のもの（物質）が本源的であって、次第《しだい》に偶然《ぐうぜん》の自然淘汰《しぜんとうた》によっ

一如　一つであること
唯心論　世界を構成する根源を精神的なものに求める立場
精妙　非常にすぐれて巧みなこと
作能　つくる能力
自然淘汰　進化論の根幹をなす考え方。劣悪なものは滅び、優良なものが生き残ること

て次第《しだい》に高度《こうど》のもの（精神《せいしん》）に達《たっ》すると論《ろん》じたがる。唯心論者《ゆいしんろんしゃ》は本来《ほんらい》、精妙《せいみょう》なる心がその作用《さよう》を低度《ていど》に落《おと》したものが「物質《ぶっしつ》」であると論じたがるであろう。

無限《むげん》を持つ者《もの》は一円を積み重ねて無限になったともいい得《う》るし、一円を有《も》つ者は無限を持っていたのがその内《うち》一円しかまだ出さないのだともいい得《う》るであろう。前者《ぜんしゃ》は唯物論者《ゆいぶつろんしゃ》であり、後者《こうしゃ》は唯心論者である。一円とは物質的《ぶっしつてき》法則《ほうそく》を意味《いみ》し、無限万円《むげんまんえん》とは叡智《えいち》を意味す。

一人一人《ひとりひとり》の人間《にんげん》について考えてみれば、一円を積み重ねて無限になったのが本当《ほんとう》か、既《すで》に持てる無限のうち一円だけを発掘《はっくつ》したのかは、考え方によって、どちらとでもいい得《う》る。どちらを考えるかということはその人自身《ひとじしん》の思《し》考《こう》の形式又《けいしきまた》は習慣性《しゅうかんせい》である。

しかし、これを宇宙的《うちゅうてき》な包括的《ほうかつてき》な立場《たちば》から考えるならば、宇宙《うちゅう》の中《なか》に無限と一円とが共《とも》にあるならば、宇宙そのものは「無限」であるとしなければ

包括的　全てをひっくるめているさま

ならぬ。そしてその「有限《ゆうげん》」はその「無限《むげん》」のうちから生《うま》れ出《で》たものである。物質《ぶっしつ》は有限であり、心は辺際《へんさい》がなく無限である。物心本来一如《ぶっしんほんらいいちにょ》にしても、心が先《さき》であり、物《もの》は心の変形《へんけい》であるのは、無限は先であり、有限は無限の中《なか》に包摂《ほうせつ》せられる一部分《ぶぶん》であるという意味《いみ》に於《お》て当然《とうぜん》のことである。心が物を作る――三界唯心《さんがいゆいしん》である。

辺際　これ以上ないという限界。はて。かぎり

包摂　包み込むこと

三月五日

山《やま》山に非《あら》ず、世人《せじん》これを山という。物質《ぶっしつ》物質にあらず、世人《せじん》これを物質という。肉体《にくたい》肉体にあらず、世人《せじん》これを肉体という。『生命《せいめい》の實相《じっそう》』の中《なか》に「肉体は物質である」とも「肉体は無《な》い」とも書いてあるのはこの理由《りゆう》である。生長《せいちょう》の家《いえ》の「肉体本来なし」とは、ここに見える肉体が、吾々《われわれ》が普通《ふつう》考えているような意味での「物質」ではないという意味である。

それでは肉体とは何《なん》であるか。「生命《せいめい》」の放射線《ほうしゃせん》(念《ねん》)の時間空間《じかんくうかん》の鏡面《きょうめん》へ

頭注版㊲八〇頁

の反映《リフレクション》である。鏡面《きょうめん》へのその反映《はんえい》が歪《いびつ》なく完全《かんぜん》であれば健康《けんこう》なる肉体《にくたい》という。その反映《はんえい》が不完全《ふかんぜん》であるのを不健康《ふけんこう》なる肉体という。このことを「肉体は念《こころ》の影《かげ》」と簡単《かんたん》にいう。

鏡面の曇《くも》りとは無明《まよい》である。生命《せいめい》と鏡面との間《あいだ》に「迷《まよい》」が介在《かいざい》して時間空《じかんくう》間面《かんめん》への反映《はんえい》を曇《くも》らし、不純《ふじゅん》に屈折《くっせつ》するとき不健全《ふけんぜん》なる肉体は現《あらわ》れる。

明るい鏡面にはそのままが映《うつ》る。曇りのない鏡面にはそのままが映る。そのままは完全であるほかはない。

三月六日

明るさはあらゆるものに喜《よろこ》ばれる。招《まね》かれないでも明るい人《ひと》は、光線《こうせん》のようにどこへ往《い》ってもそこで喜ばれる。招かれても暗い人は、どこへ往《い》ってもやがては嫌《きら》われる。

明るい人には常《つね》に幸福《こうふく》がつき纏《まと》い、暗い人には常に不幸《ふこう》がつきまとう。

頭注版㊲八〇頁

リフレクション reflection　物事の姿や形を影として映し出すこと

三月七日

悪事《あくじ》は更《さら》に悪事を生《う》む。善事《ぜんじ》は更《さら》に善事を生む。幸福者《こうふくしゃ》とは悪事を未《いま》だ犯《おか》さなかった人《ひと》のことではない。悪事が次に悪事を招《よ》ぶのを断《た》ち切《き》ることの出《で》来《き》た人だ。

悪事を断ち切る道《みち》は、この悪事をしているのは本当《ほんとう》の「私」でないと知ること。そして本当の「私」でない者《もの》に、今日限《きょうかぎ》り断《だん》じて加勢《かせい》しないと決心《けっしん》することに在《あ》る。

頭注版㊲八一頁

加勢　手助けすること

三月八日

自己弁護《じこべんご》をする者《もの》は、まだ本当に真理《しんり》を求めているものではない。「本当の自己《じこ》」は常《つね》に昭々《しょうしょう》として輝《かがや》いており、弁護《べんご》して辛《かろ》うじてその尊厳《そんげん》の保《たも》たれるような卑《さも》しい存在《そんざい》ではない。弁護しなければならぬような自己は、ただ

頭注版㊲八一頁

昭々　あきらかに輝くさま

卑しい　いやしい。あさましい

その「弁護《べんご》しなければ尊厳《そんげん》が保《たも》てぬ」という理由《りゆう》だけで「本物《ほんもの》の自己《じこ》でない」ことを証明《しょうめい》している。

三月九日

頭注版㊲八二頁

これほど神の光《ひかり》が輝《かがや》いているのに不幸《ふこう》というものがどこにあるか。ただ汝《なんじ》の心が鎖《とざ》しているからに過《す》ぎない。

眼《め》をひらけば、そこは既《すで》に天国《てんごく》である。

三月十日

頭注版㊲八二頁

反抗心《はんこうしん》というものは自己低卑《じこていひ》の証徴《しるし》である。

反抗心の逆《ぎゃく》は包容精神《ほうようせいしん》である。包容精神は自己偉大《じこいだい》の自覚《じかく》である。

少青年《しょうせいねん》に反抗心はあらわれ、一概《いちがい》にはいえないが、父母《ふぼ》には包容精神があらわれている。

自己低卑　自分を低くいやしいものとすること

乞食《こじき》でも親分《おやぶん》となるほどのものは包容精神《ほうようせいしん》が大きいので子分《こぶん》から尊敬《そんけい》せられる。

頭注版㊲八二頁

三月十一日

既《すで》にあるのに、多くの人《ひと》が貧《まず》しいのは、第《だい》一家庭《かてい》の調和《ちょうわ》を欠《か》いていること。祖先《そせん》の祭祀《まつり》が足りないので祖先の守護《しゅご》の足りないこと。家族《かぞく》の不調和《ふちょうわ》と祖先の祭祀《まつり》の不足《ふそく》とで、その人が外に出ても自分《じぶん》の身辺《しんぺん》に漂《ただよ》うている雰囲気《ふんいき》が棘々《とげとげ》しくて、他《た》から好意《こうい》を持たれないことなどである。

頭注版㊲八三頁

三月十二日

持主《もちぬし》もなく宝物《たからもの》が到《いた》る処《ところ》に埋《うず》められている。誰《たれ》もそれを掘出《ほりだ》さないだけだ。

幸福《こうふく》になる道《みち》はただ自分で掘り出すことにある。

三月十三日

幸福《こうふく》になりたければ、先《ま》ず自分《じぶん》が幸福になれである。当《あた》り前《まえ》のことが当《あた》り前《まえ》である。噛《か》みしめれば味がある。注意《ちゅうい》すべきは、幸福とは心の一《ひと》つの状態《じょうたい》であるということである。金殿《きんでん》玉楼《ぎょくろう》の中《なか》にいて輾転反側《てんてんはんそく》して眠《ねむ》れない人《ひと》もあれば、弾丸雨飛《だんがんうひ》の中《なか》にいて喜《よろこ》び一ぱいの人もある。

頭注版㊲八三頁

金殿玉楼　金や宝石で飾られた、きわめて豪華で美しい建物

輾転反側　思い悩んで眠れないために何度も寝返りを打つさま

三月十四日

現象界《げんしょうかい》に於《お》いては時節《じせつ》が事《こと》を成就《じょうじゅ》する。時節に乗ると乗らぬとは、成敗《せいはい》の基《もとい》である。

時節に乗る秘訣《ひけつ》は神に一致《いっち》すること。神に一致するには、今ある状態《じょうたい》を先《ま》ず有難《ありがた》いと享受《きょうじゅ》して、そこで百パーセントを行《ぎょう》ずること。

頭注版㊲八三頁

時節　ほどよい時機

成敗　成功と失敗

享受　よいものを受け入れて楽しむこと

急ぐは事《こと》を破壊《はかい》し、急ぐ息《いき》はセク息である。

三月十五日

心をしっかりと持つこと。上《うえ》の者《もの》を尊敬《そんけい》すること。下《した》の者を可愛《かわい》がること。夫婦仲《ふうふなか》よくすること。腹《はら》を立てぬこと。悲しまぬこと。取越苦労《とりこしくろう》せぬこと。当《あた》り前《まえ》のことだと馬鹿《ばか》にせぬこと。当《あた》り前《まえ》のことが出来《でき》るものが大賢人《だいけんじん》である。これを当《あた》り前《まえ》のことだと軽蔑《けいべつ》する者よ。お身《み》たちはこの当《あた》り前《まえ》がどれほどの程度《ていど》に出来ているか。

三月十六日

幸福《こうふく》は無我《むが》の中《なか》にある。従《したが》うことの中《なか》にある。幸福が我欲《がよく》の中《なか》や、剛情《ごうじょう》我慢《がまん》の中《なか》にあると思っている間《あいだ》は、その人《ひと》の心に悪魔《あくま》が忍《しの》び込《こ》んでいるのである。

セク　急ぐ意の「急(せ)く」であると共に、せきとめる意の「堰(せ)く」
頭注版㊲八四頁

取越苦労　将来のことについて無用の心配をすること。本全集第十三巻「生活篇」下巻所収の「取越し苦労するなかれ」等参照
お身　あなた。おまえ。対等または下位の者に対して用いる
頭注版㊲八四頁

我欲　自分のためだけを考える欲望。我利
剛情　かたくなで意地っぱりなさま。強情

無《な》いものを「有《あ》る」と主張《しゅちょう》する嘘《うそ》つきが悪魔《あくま》である。

頭注版㊲八四頁

三月十七日

皆《みな》さまにお気に召《め》すようにお化粧《けしょう》してまいりましょう。この心掛《こころがけ》に家庭《かてい》平和《へいわ》の秘訣《ひけつ》もあれば、商売繁昌《しょうばいはんじょう》の秘訣もある。皆さまを喜《よろこ》ばす心掛《こころがけ》が中心《ちゅうしん》となる、技巧《ぎこう》に走れば虚飾《きょしょく》になる。

虚飾 うわべだけを飾ること

頭注版㊲八五頁

三月十八日

人生《じんせい》は値切《ねぎ》ってはなりませぬ。対手《あいて》を値切るものは自分自身《じぶんじしん》をも値切られる。

頭注版㊲八五頁

三月十九日

人生を花をもって飾《かざ》りましょう。縮《ちぢ》かんでしまってはなりません。死人《しにん》があるからとて、薔薇《ばら》の花は咲くように神様《かみさま》から美《び》を与えられているのです。地上《ちじょう》に悲惨《ひさん》があればこそ、吾々《われわれ》は一層《いっそう》地上を美しく飾らねばなりません。萎縮《いしゅく》するものはついに国《くに》を滅《ほろ》ぼすのです。元気《げんき》にその日《ひ》その日を生き、元気に人生《じんせい》を讃《たた》えましょう。

頭注版㊲八五頁

三月二十日

小さな損得《そんとく》を気にする者《もの》はついに命《いのち》を磨《す》り減《へ》らす。無限供給《むげんきょうきゅう》の宝《たから》はあなたの足下《あしもと》に踏《ふ》まれているのに気がつかない。どんなものでも羨《うらや》ましいとは思うな。

頭注版㊲八六頁

三月二十一日

すべての人間《にんげん》はその本質《ほんしつ》は神の子であり、すべての人間の表現《ひょうげん》は、時間《じかん》空間《くうかん》の立場《たちば》に従《したが》って悉《ことごと》く異《こと》なる。一《ひと》つの立場を測《はか》る尺度《しゃくど》で他《た》の人間を測って

尺度　ものさし。物事を評価する基準

批評《ひひょう》してはならない。

正しさは美徳《びとく》であるが、寛容《かんよう》はより大《だい》なる美徳である。寛容を失うとき正しさは悪《あく》に変《かわ》る。

頭注版㊲八六頁

三月二十二日

人《ひと》を心で憎《にく》むことと、人の悪口《わるぐち》をいうこととは、短刀《たんとう》をもってその人を刺《さ》し貫《つらぬ》くに等《ひと》しい。

善人《ぜんにん》だという人の中《なか》に、そういう人が多いというのは驚《おどろ》くべきことである。善人よ、みずから省《かえり》みよ。吾々《われわれ》は人の善悪《ぜんあく》を測《はか》る標準《ひょうじゅん》を変えなければならぬ。

頭注版㊲八六頁

三月二十三日

人生《じんせい》に於《お》いて最《もっと》も恐《おそ》るべき敵《てき》は恐怖《きょうふ》であり、人生の中《なか》で最も助けとなる味方《みかた》は希望《きぼう》である。しかし一切《いっさい》の浮世《うきよ》の希望が打《うち》くだかれた時《とき》に、人間《にんげん》は本当《ほんとう》の希望を見出《みいだ》すのである。

浮世　世の中。俗世間

頭注版㊲八七頁

三月二十四日

わたしの行《ゆ》くところに道《みち》がひらかれる、私は道である。わたしの行《ゆ》くところに花苞《はなびら》が撒《ま》かれる、私は花苞《はなびら》である。わたしの行《ゆ》くところに太陽《たいよう》が照《て》り輝《かがや》く、私は太陽である。わたしの行《ゆ》くところに必《かなら》ず宝庫《ほうこ》がひらかれる、私は宝庫である。この世《よ》の中《なか》が思うように行《ゆ》かないという人《ひと》は、私と同じ心持《こころもち》になるが好《よ》い。嶮《けわ》しきは平《たいら》かにせられ、難《かた》きは易《やさ》しきに打ちかえられる。

頭注版㊲八七頁

三月二十五日

胸《むね》を広くして待っていること。ここに幸福《こうふく》の秘訣《ひけつ》がある。

頭注版㊲八七頁

三月二十六日

まず恐《おそ》れないで虎穴《こけつ》に降《お》りて行《ゆ》かなければならない。待っているということと、降《お》りて行《ゆ》くということとは両立《りょうりつ》しない事《こと》ではない。恐ろしいものは何《なに》も出て来ない。もし恐ろしい者《もの》に出逢《でくわ》したら、それはただ仮面《かめん》を被《かぶ》っているだけだから恐れるには及《およ》ばない。先《ま》ずそいつと取組《とっく》んで征服《せいふく》し、その仮面を剝《は》いでやるのだ。すると本当《ほんとう》はそのお化《ば》けの正体《しょうたい》は「幸福《こうふく》」というものであったことが判《わか》るであろう。

頭注版㊲八七頁

虎穴　虎が住む穴。大変危険な場所や状況

三月二十七日

ひとが何《なん》とおん身《み》を批評《ひひょう》しようとも、おん身は毅然《きぜん》として真理《しんり》と共《とも》に立たねばならぬ。

おん身は真理が一切《いっさい》のよろこびの源泉《げんせん》であることを知らねばならぬ。

頭注版㊲八八頁

おん身　本書一一五頁「お身」に同じ

毅然　動揺せず断乎としたさま

一等《いっとう》悪いことは眼先《めさき》の他《た》の批評《ひひょう》に捉《とら》えられて、真理《しんり》の永遠《えいえん》の評価《ひょうか》の前《まえ》で無《む》価値《かち》になってしまうことである。

頭注版㊲八八頁

三月二十八日

人間《にんげん》が心配《しんぱい》していることは、すべて小さな重要《じゅうよう》でないことについてである。真《しん》に重要なことの前《まえ》には人間は却《かえ》って大胆《だいたん》に勇敢《ゆうかん》になるものである。戦場《せんじょう》に出れば人間はもう心配などしている暇《ひま》がない。心配している事《こと》そのことが、おん身《み》の考えている事柄《ことがら》が実《じつ》に小さな採《と》るに足らぬことであることの証拠《しょうこ》である。

これを知ったらあらゆる心配が消えてしまうであろう。

頭注版㊲八九頁

三月二十九日

損失《そんしつ》を恐《おそ》れるものは損失の奴隷《どれい》となり、損失に蹂躙《ふみにじ》られて滅《ほろ》ぼされてしまうであろう。損失《そんしつ》は本来《ほんらい》ないこと、損失の如《ごと》く顕《あらわ》れて見えるものも、必《かなら》ず本《ほん》当《とう》は収穫《しゅうかく》への道行《みちゆき》であることを知ることは智慧《ちえ》である。

過去《かこ》の傷害《しょうがい》についてクヨクヨ思《おも》い煩《わずら》う者《もの》は生命《いのち》を磨《す》り減《へ》らす。クヨクヨ思い煩う暇《ひま》があるならば、未来《みらい》の光明《こうみょう》について希望《きぼう》と空想《くうそう》を有《も》つべきである。希望は実現《じつげん》の母《はは》。心に描《えが》いて待つものは必ず成就《じょうじゅ》する。待つ間《ま》に心を掠《かす》める「不安《ふあん》」が事《こと》を毀《こわ》すのである。

「不安」は蒔《ま》いた種子《たね》を毎日《まいにち》掘《ほ》り返《かえ》してみる働《はたら》きである。かかる農夫《のうふ》に培《つちか》われる植物《しょくぶつ》は育たない。

道行　ある目的地に着くまでの道程

三月三十日

頭注版㊲八九頁

調和《ちょうわ》の中《なか》に万物《ばんぶつ》が育つ。大地《だいち》は一切《いっさい》の不浄《ふじょう》を浄化《じょうか》する。一切の汚物《おぶつ》を大地の中《なか》に委《ゆだ》ねるならば大地はその一《ひと》つをも排斥《はいせき》しないで、それを肥料《ひりょう》とし養分《ようぶん》として効用《こうよう》に替《か》えてしまうのである。大地の如《ごと》く何物《なにもの》をも排斥しない心にな

効用　使いみち。用途

れ。すべては汝《なんじ》の中《うち》に於《お》いて育つであろう。富《とみ》も栄達《えいたつ》も健康《けんこう》も祥福《しょうふく》も大地《だいち》の如《ごと》き心のうちにこそあるのである。

三月三十一日

必需物《なくてならぬもの》はすべて与えられている。必需物《なくてならぬもの》は一《ひと》つの事物《じぶつ》ではない。一つの事物にのみ執着《しゅうじゃく》する者《もの》は、自分《じぶん》の人生《じんせい》に流《なが》れ入《い》って来る「神の与えた必需物《なくてならぬもの》」を拒《こば》むものである。

世《よ》に肥《こ》えることの出来《でき》ない児童《じどう》に偏食者《へんしょくしゃ》というのがある。食膳《しょくぜん》に上《あが》ったものをそのまま有難《ありがた》く受入《うけい》れない。アレかコレかの選択《せんたく》が多すぎる者である。食膳の食物《しょくもつ》をすべて有難《ありがた》く拝《おが》んで食べる者の胃腸病《いちょうびょう》は治《なお》って肉体《にくたい》が肥えて来るように、自分の人生に流《なが》れ入《い》ってくる一切《いっさい》の事件《じけん》を喜《よろこ》んで受け、そのすべてから滋味《じみ》を吸収《きゅうしゅう》し、去《さ》り行《ゆ》くコースには執着《しゅうじゃく》せず、新《あらた》に人生の食膳に上《のぼ》り来《く》るものを又新《またあらた》に合掌《がっしょう》して受け食《しょく》する者はついには人生の豊《ゆたか》なる

栄達　出世すること
祥福　めでたいこと

頭注版㊲九〇頁

滋味　心を豊かにする深い味わい
コース　course　西洋料理の正餐(せいさん)で、順に出される一組の料理

肥満者《ひまんしゃ》となるのである。

四月　若葉《わかば》寄《よ》り繁《しげ》る

四月一日

何《なん》という歓《よろこ》びであろう。自分《じぶん》の棲《す》んでいる宇宙《うちゅう》には、自分の意志《いし》に反対《はんたい》する意志は一《ひと》つとして存在《そんざい》しないのである。

何故《なぜ》なら、自分は神の子であり、宇宙生命《うちゅうせいめい》は神御自身《かみごじしん》であり、宇宙は神の支配下《しはいか》にあるからである。われ祈《いの》れば天地応《てんちこた》える。神は常《つね》に我《わ》が祈りに応《こた》えたまい、我《わ》がために処《ところ》を備《そな》え給《たま》い、宝《たから》を備えたまい、時《とき》を得《え》せしめたまい、すべての必需物《なくてならぬもの》を与えたまうからである。

頭注版㊲九二頁

四月二日

偶然《ぐうぜん》は一《ひと》つもない。もし偶然があるとすれば神の摂理《せつり》の及《およ》ばぬ事物《じぶつ》がどこかにあるということを認《みと》めなければならぬ。そしてこれは神の全智《ぜんち》に対《たい》する甚《はなは》だしい冒瀆《ぼうとく》となるであろう。

頭注版㊲九二頁

偶然《ぐうぜん》と考えられるもののうち、善《よ》き一半《いっぱん》は神より来《きた》り、悪《あ》しき一半《いっぱん》は「心の法則《ほうそく》」より来《きた》る。神は悪しきものを与え給《たま》わないから、悪しきものは神の最初《さいしょ》の創造《そうぞう》の世界《せかい》にはないのである。神から悪しきものが、貧《まず》しさが、病《びょう》気《き》が、苦難《くなん》が来《く》るという考えを捨《す》てよ。それらは神から来《く》るのではない。審判《さばき》は子にゆだねられているのである。(「ヨハネ伝《でん》」) 吾々《われわれ》は神の子であるから、吾々自身《われわれじしん》の潜在意識《せんざいいしき》の審判《さばき》が「心の法則」として、「三界《さんがい》は唯心《ゆいしん》の所《しょ》現《げん》」として現《あらわ》れるのだ。

四月三日

創造の心を持つ限《かぎ》り病《や》み死することはない。創造の心を持つものは若返《わかがえ》る。現象世界《げんしょうせかい》は表現《ひょうげん》の世界であるから、表現すべき内容《ないよう》が心の中《なか》になくなったとき、その人《ひと》のこの世《よ》の寿命《じゅみょう》は終《お》わったのである。表現すべき内容が無《な》くなった後《のち》に、もし彼《かれ》が生きているならば、それは肉体《にくたい》の波動《はどう》の惰力《だりょく》が継続《けいぞく》

審判は子に…『新約聖書』「ヨハネ伝」第五章二二節のイエスの言葉
「ヨハネ伝」『新約聖書』中の第四福音書。使徒ヨハネの著作とも後世ヨハネの叙述を編纂したものともいわれる。著者に『ヨハネ傳講義』の著作がある
頭注版㊲九三頁
波動　波のように次第に伝わること

しているだけであって、本当《ほんとう》はもうその人《ひと》は死んでいるのである。絶《た》えず新《あらた》なる表現内容《ひょうげんないよう》を生《う》み出《だ》す者《もの》は、刻々若返《こくこくわかがえ》る。小児《しょうに》の生命《せいめい》が溌剌《はつらつ》としているのは、彼《かれ》は自己《じこ》のうちに新《あらた》なる表現内容を蔵《ぞう》しているからである。

絶えず新しくなること——これが永遠《えいえん》に死なない道《みち》である。

絶えず動く水は腐敗《ふはい》せず、水が固定状態《こていじょうたい》に陥《おちい》ったとき腐敗する。生命《せいめい》の水もかくの如《ごと》きものである。

四月四日

環境《かんきょう》が彼の表現欲望《ひょうげんよくぼう》を強《し》いて抑《おさ》えつけるならば、人間《にんげん》は狂乱状態《きょうらんじょうたい》に陥《おちい》るか、ヒステリーになるか、生命《せいめい》が萎縮《いしゅく》して病気《びょうき》になるかする。ロシアの或《あ》る囚人《しゅうじん》の刑務《けいむ》の一《ひと》つとして終日二《しゅうじつふた》つのバケツに同じ水を交互《こうご》に空《あ》け代《か》える仕事《しごと》を課《か》したときには、その囚人は気が狂《くる》ったという。(ドストエフスキー『死人《しにん》の家《いえ》の記録《きろく》』)これは仕事が強制《きょうせい》として課せられて「自己自身《じこじしん》の生命《せいめい》」

頭注版㊲九四頁

ヒステリー 神経症の一つ。精神的な葛藤や鬱屈が身体症状や精神症状となって現れ、感情を統御できずに発作的に激しい興奮状態を呈す

ドストエフスキー Fjodor Mihailovic Dostojevskij 一八二一～一八八一年。トルストイ、ツルゲーネフと並ぶ十九世紀後半のロシアを代表する小説家。代表作に『罪と罰』『白痴』などがある

『死人の家の記録』 一八六〇～一八六二年にかけて発表された長編小説。作者自身の獄中体験記と目される作品

を表現《ひょうげん》する何等《なんら》の道《みち》を与えられなかったからである。

また或《あ》る精神病者《せいしんびょうしゃ》は、自己《じこ》の好《この》む仕事《しごと》に熱心《ねっしん》に従事《じゅうじ》せしむることによって治《なお》ったという。彼《かれ》はその「仕事」の中《なか》に「自己」を表現する道を見出《みいだ》したからである。

自己創造《じこそうぞう》のない「仕事」は人類《じんるい》を窒息《ちっそく》又《また》は狂死《きょうし》せしめ、自己創造のある「仕事」は人類の生命《せいめい》を伸《の》び伸《の》びせしめ、絶《た》えず自分《じぶん》に生気《せいき》を吹《ふ》き込《こ》み、絶えず自分を若返《わかがえ》らしめる。

「仕事」が面白《おもしろ》くない人《ひと》は、その仕事に自分の生命《せいめい》を打ち込まないからである。自己創造をしないからである。如何《いか》なる仕事の中《なか》にも自己創造が出来《でき》る。仕事に愛を持つとき、愛は生《う》み出《だ》す力《ちから》であるから自己創造となる。

与えられただけの仕事のみをするところに自己創造はあり得《え》ない。仕事を愛して、与えられた以上《いじょう》にその仕事の発展《はってん》のために工夫《くふう》するところに自己創造があるのである。

生気　いきいきとした力。活気

与えられただけの仕事《しごと》だけしかしない人《ひと》はロシアの囚人《しゅうじん》に甘《あま》んずる人である。彼《かれ》はただ生命《せいめい》を磨《す》り減《へ》らし、老《お》い行《ゆ》くのみである。今《いま》ある立場《たちば》に於《お》いて、与えられた以上《いじょう》に発展工夫《はってんくふう》する者《もの》は常《つね》に新しく、常に老いない者である。

甘んずる　与えられたものに満足すること

四月五日

頭注版㊲九五頁

精神病《せいしんびょう》の婦人《ふじん》が妊娠《にんしん》して子を産《う》んだら、その精神病が治《なお》ったというような例話《れいわ》が往々《おうおう》ある。おそらくその時以前《ときいぜん》のその婦人の家庭《かてい》は不調和《ふちょうわ》なものであって、彼女《かのじょ》は愛に絶望《ぜつぼう》していたのであろう。子供《こども》が生《うま》れることによって彼女は愛したい欲望《よくぼう》を満足《まんぞく》させる対象《たいしょう》が出来《でき》たから、彼女の愛したい欲望の不満足《ふまんぞく》から起《おこ》る病気《びょうき》は治《なお》ってしまったのである。

例話　具体的に実例として示す話
往々　ときおり。しばしば

愛するということは、相手《あいて》を生かすばかりではなく、自分《じぶん》をも生かすことになるのである。

人間《にんげん》は愛するために生《うま》れている。生きるとは愛するということである。国《くに》を愛し、人類《じんるい》を愛し、民族《みんぞく》を愛し、他人《たにん》を愛し、家族《かぞく》を愛し、教《おし》え子《ご》を愛せよ。

自《みずか》ら顧《かえり》みて愛しなかった日程淋《ひほどさび》しいことはない。病気《びょうき》が起《おこ》るのは、大抵利《たいていり》己主義《こしゅぎ》からである。

頭注版㊲九六頁

四月六日

金《かね》の多寡《たか》によって幸福《こうふく》が来るのではない。金《かね》に対《たい》する一切《いっさい》の執着《しゅうじゃく》を截《た》ち切《き》って、ただ愛を、智慧《ちえ》を、生命《せいめい》を、国のために、隣人《りんじん》のために献《ささ》げ切《き》ったとき歓《よろこ》びが来るのである。

今日《きょう》、誌友《しゆう》のK氏《し》が私を訪《たず》ねて来て、こんな話をした。K氏は高血圧症《こうけつあつしょう》にかかって常《つね》に頭《あたま》に眩暈《めまい》を感《かん》じ、少し歩行《ほこう》すれば心臓《しんぞう》の鼓動《こどう》激《はげ》しく、狭心症《きょうしんしょう》を起《おこ》して倒《たお》れてしまいそうになるのであった。ところが道場《どうじょう》へ通《かよ》って私

多寡　多いことと少ないこと

狭心症　発作的に左胸部に痛みや圧迫感を引きおこす疾患

の話を聴《き》き、『生命《せいめい》の實相《じっそう》』を読んでいるうちに高血圧《こうけつあつ》症《しょう》に伴《ともな》う諸々《もろもろ》の症候《しょうこう》が消えてしまった。ところが、支那事変前《しなじへんぜん》、日本《にっぽん》の経済界《けいざいかい》が準戦時体制《じゅんせんじたいせい》になって来て、軍需工業会社《ぐんじゅこうぎょうかいしゃ》が殷賑《いんしん》の兆《きざし》が見え、軍需株《ぐんじゅかぶ》の昂騰《こうとう》する前途《ぜんと》の見《み》透《とお》しが、火を睹《み》るように明《あき》らかとなった。これは神が示《しめ》し給《たま》うのであると信じ、K氏《し》はその貯財《ちょざい》の大半《たいはん》を割《さ》いて軍需会社《ぐんじゅかいしゃ》の株式《かぶしき》を買うべく知人《ちじん》に托《たく》して現株《げんかぶ》の購入《こうにゅう》料《りょう》として七千円を委托《いたく》したのであった。ところがいつまで経《た》っても現株が来ないのである。知人に催促《さいそく》してみると、現株の来ないのも無理《むり》はない。その知人は預《あずか》った七千円を証拠金《しょうこきん》として、K氏の名前《なまえ》で定期相場《ていきそうば》に手を出してその七千円を磨《す》ってしまった揚句《あげく》、まだ三千円位《くらい》も足が出て、その損失《そんしつ》もK氏が背負《せお》わなければならなくなっているのであった。

K氏は仕方《しかた》がないと観念《かんねん》してみたが、貯財の大半を一朝《いっちょう》にして失ったことはK氏にとって大きな精神的打撃《せいしんてきだげき》を与えた。それに執着《しゅうじゃく》して何《なん》とか取戻《とりもど》す方法《ほうほう》はないかと、心をそれに縛《しば》り附《つ》けている限《かぎ》りに於《おい》て、肉体《にくたい》も共《とも》に傷《いた》ん

症候　からだに現れた病的変化

支那事変　昭和十二年七月七日の蘆溝橋事件をきっかけとして日本と中華民国との間に起こった戦争

準戦時体制　昭和十一年の二・二六事件の後より翌十二年七月の支那事変にかけての国家体制。国防費の増強を盛り込んだ予算を組むなど戦局の進展を見据えた体制

殷賑　活気があってにぎやかなさま

昂騰　高くなること

睹る　見ること

七千円　現在の約一千四百万～二千百万円に相当する

委托　ある行為などを他人に頼むこと

現株　株式の現物

磨る　使い果たす

三千円　現在の約六百万～九百万円に相当する

一朝　ひとたび

で数夜《すうや》は安眠《あんみん》もとれなかった。折角治《せっかくなお》っていた高血圧症《こうけつあつしょう》もまた再発《さいはつ》したらしく蟀谷《こめかみ》の血管《けっかん》が怒張《どちょう》して、頭脳《ずのう》が朦朧《もうろう》となり、眩暈《めまい》が始まって、またいつ倒《たお》れるか判《わか》らないような状態《じょうたい》になって来た。

約《やく》一万円《まんえん》の金《かね》が失われた。K氏《し》の身体《からだ》が失われたわけでもない。氏の心が失われたわけでもない。また、氏はその金《かね》がなければ生活《せいかつ》に困《こま》るのでもなかった。氏の身体《からだ》にも心にも何等《なんら》の関係《かんけい》のない「金《かね》」という得体《えたい》の知れぬもの、しかもそれは金貨《きんか》という固い確実《かくじつ》なものでもない、ただ氏の名義《めいぎ》から、他《た》の人《ひと》の名義に金額《きんがく》を表《あらわ》す或《あ》る数字《すうじ》が書《か》き換《か》えられたということだけで、心がこんなに悲しみ、身体《からだ》がこんなに苦しむとはどういうわけなのだろう。悲しむべき理由《りゆう》がないのに悲しく、苦しむべき理由がないのに苦しい――これを妄想《もうぞう》というのである。その妄想《もうぞう》のために幾《いく》千万の人間《にんげん》が苦しんでいるのである。K氏もいつの間《ま》にかこの妄想《もうぞう》の中《なか》に墜落《ついらく》したのだ。氏は踠《もが》いた。氏はその心の苦しみから逃《のが》れるために『甘露《かんろ》の法雨《ほうう》』を仏前《ぶつぜん》で朗誦《ろうしょう》した。

蟀谷　耳の上と目尻との間の、物を嚙むと動く部分
怒張　血管などがはれてふくれること
朦朧　ぼんやりしてはっきりしないこと
一万円　現在の約二千万〜三千万円に相当する
妄想　根拠のないことを事実と思い込むこと
朗誦　高らかに声をあげて読むこと

氏《し》は心の苦悶《くもん》を忘れるために大声《おおごえ》を挙《あ》げて読んでいるうちに、少《すこ》しく心が静まって来た。その時《とき》氏は自分《じぶん》の声《こえ》が「物質《ぶっしつ》に神の国《くに》を追い求むる者《もの》は夢《ゆめ》を追うて走る者にして永遠《えいえん》に神の国を建《た》つる事能《ことあた》わず」と朗々《ろうろう》と誦《ず》しているのを聴《き》いた。それは全《まった》く天籟《てんらい》の声のようであり、神啓《しんけい》の韻《ひびき》のように聞《きこ》えた。

そうだ、物質は無《な》いとあれほど聴《き》かされていたのに、いつの間《ま》にか自分は物質の増加《ぞうか》が人間《にんげん》の幸福《こうふく》であると思っていた、「物質に神の国を追い求むる者は夢を追うて走るもの」だったのだ——と、K氏は気が著《つ》いた。今《いま》まで頭《あたま》が朦朧《もうろう》として高血圧症《こうけつあつしょう》が再発《さいはつ》したように感《かん》じられていたのが、三斗《と》の冷水《れいすい》を浴《あ》びたように忽然《こつねん》として爽快《そうかい》となった。実《げ》に肉体《にくたい》は心の影《かげ》であり、心は物質に捉《とら》えられたとき直《ただち》に地獄《じごく》へ転落《てんらく》するものであることがK氏には判《わか》ったのであった。

氏は『生命《せいめい》の實相《じっそう》』を読んだようでも、今までどれほども読んでいない

能わず　…することができない
天籟　風の音のように天然に発する響き。また、詩文の調子が自然で絶妙なさま
神啓　神から示された真理
三斗　約五四リットル。「斗」は尺貫法の容積の単位で一斗は約一八リットル
忽然　にわかに。たちまち
実に　本当に。全く

ところの自分《じぶん》である事《こと》を反省《はんせい》した。K氏《し》は毎月《まいげつ》の『生長《せいちょう》の家《いえ》』誌《し》の精読《せいどく》と『生命《せいめい》の實相《じっそう》』百回読誦《かいとくじゅ》を実行《じっこう》することにした。爾来《じらい》、K氏の人《ひと》を指導《しどう》する霊能《れいのう》は著《いちじる》しく殖《ふ》え、人を救《すく》う人数《にんずう》は日に殖《ふ》え、人を救《すく》い得《え》た度毎《たびごと》に自分の心の中《なか》に感《かん》じられる歓喜《かんき》の情《じょう》は、全《まった》く天国《てんごく》の中《なか》に住んでいる感じであった。

まったく「汝《なんじ》らの内《うち》にのみ神の国《くに》はあるなり」と『甘露《かんろ》の法雨《ほうう》』に書いてある通《とお》りであった。

頭注版㊲九八頁

四月七日

本来固有《ほんらいこゆう》。そのまま金《きん》である。冶金《やきん》しようと冶金《やきん》しないとそんなことには拘《かかわ》らない。冶金《やきん》し精錬《せいれん》するのは、その金《きん》を利用厚生《りようこうせい》に使うためである。

本来固有《ほんらいこゆう》。人間《にんげん》はそのまま神の子であり、仏《ほとけ》である。魂《たましい》を磨《みが》くと磨かぬ

冶金　鉱石から金属を取り出したり、それを精製・加工したりすること
精錬　粗製金属から不純物を除いて質のよい金属にすること
厚生　生活を健康で豊かなものにすること

とには拘《かかわ》らないのである。しかしそれを磨《みが》くのは、その神の子、仏性《ぶっしょう》を人《じん》生《せい》に実現《じつげん》するためである。

本来《ほんらい》神の子であるから、神の子らしく実現したとき喜《よろこ》びを感《かん》ずるのである。

仏性　内在する仏としての本性

四月八日

釈迦《しゃか》が生《うま》れた日である。しかし今日《きょう》だけが仏《ほとけ》の生《うま》れた日ではない。毎日《まいにち》仏《ほとけ》は生《うま》れるのである。生《うま》れ更《かわ》らない者《もの》は亡者《もうじゃ》であって、「人間《にんげん》」ということは出来《でき》ない。「真《しん》の人間」は日々《ひび》に新《あらた》に生《うま》れる人《ひと》である。爾《なんじ》らは皆已成《みないじょう》の仏《ほとけ》である。

頭注版㊲九九頁

亡者　死者。特に成仏できずに冥土に迷っている者

皆已成の仏　『法華経』「方便品」の偈「皆已成仏道(かいいじょうぶつどう)」より。皆すでに仏となっている

四月九日

何《なん》だか利用《りよう》されているような気がするときに、腹立《はらた》つ人と、つまらなく感

頭注版㊲九九頁

ずる人《ひと》と、喜《よろこ》べる人とがある。

イエスは「わが来《きた》れるは人に役《つか》われんがためなり」といった。彼《かれ》は利用《りよう》されることを喜びに感《かん》ずる人であったのである。

利用されること多きものほど尊《とうと》ばれる。利用する道《みち》の無《な》くなったものを廃《はい》物《ぶつ》という。

「わが来れるは…」『新約聖書』「マタイ伝」第二十章、「マルコ伝」第十章にあるイエスの言葉

四月十日

或《あ》る人《ひと》からどうしたら自分《じぶん》の病気《びょうき》が治《なお》るかという質問《しつもん》が来た。こんな手紙《てがみ》が毎日《まいにち》自分の机《つくえ》の上《うえ》に何《なん》十通《つう》と送られて来る。私はその人にこう書いた。この返事《へんじ》はすべての病人《びょうにん》に当《あ》て嵌《は》まるわけではないが、また多くの病人にとって参考《さんこう》になるかも知れない。

「あなたは焦《あせ》っていますね。早く治《なお》ろうと思っていますね。イライラしていますね。そんなに焦々《いらいら》していては病気は治《なお》るものではありません。その焦々《いらいら》

頭注版㊲一〇〇頁

する心そのものが病気《びょうき》なのですよ。あなたは家族《かぞく》との間《あいだ》に心の擦《す》れ合《あ》いがありますね。そんなに擦《す》れ合《あ》いがあっては治《なお》るものではありません。そんなに擦《す》れ合《あ》ってはいないとあなたは抗弁《こうべん》なさいますか。擲《なぐ》り合《あ》いはなさらないでしょう。しかし、本当《ほんとう》に満足《まんぞく》していますか。このままで有難《ありがた》い、充分尽《じゅうぶんつく》して頂《いただ》いていると思って家族に感謝《かんしゃ》していられますか。そうではないでしょう。『もう少しここをどうかして欲《ほ》しい』と思っていられませんか。『欲しい』の心は不平《ふへい》の心です。又《また》、同情《どうじょう》を求める心です。そんな心そのものが病気なのです。病気は肉体《にくたい》にあるのではありません。その心にあるのです。右手が動かなかったら、動く左手を与えられていることを感謝するのですよ。ありとあらゆるものを感謝の心にかえてしまうのですよ。そしてあとに、これだけ感謝の心を起《おこ》しているのにまだ治《なお》らぬか？　と被仰《おっしゃ》るのですか。やっぱり終点《しゅうてん》が不平の心に到着《とうちゃく》するようでは、心の生《うま》れ更《かわ》りが出来《でき》ていませぬ。不平行《ふへいゆき》の汽車《きしゃ》に乗っている限《かぎ》りは、感謝の終点には到着しませぬ。それ

抗弁　相手の意見に対抗して、自分の考えを主張すること

では途中《とちゅう》の駅々《えきえき》での感謝《かんしゃ》の心は皆《みな》ニセ物《もの》だったということになりますよ。すべてを感謝の心に更《か》えて、さて今《いま》病気《びょうき》なしと信じて報恩《ほうおん》の為《ため》に起《た》て。もう病気はないのである。」

四月十一日

『天使《てんし》の言葉《ことば》』の中《なか》に書いてあるイタリーの大医《たいい》ロンブロゾー博士《はくし》の取扱《とりあつか》った患者《かんじゃ》が、感覚《かんかく》の転位《てんい》を起《おこ》して眼球《がんきゅう》以外《いがい》の器官《きかん》を以《もっ》て物体《ぶったい》を見たということについて、その事実《じじつ》の出所《しゅっしょ》を知らしてくれという誌友《しゆう》からの手紙《てがみ》が来た。これは一九一九年《ねん》フランス学士院《がくしいん》賞《しょう》を受けたセブラユー博士《はくし》の『死《し》後《ご》の運命《うんめい》』という本の中に、ロンブロゾーの言葉が引用《いんよう》してあるのである。

「一八九一年のこと、予《よ》は医学上《いがくじょう》の経験《けいけん》に於《お》いて全《まった》く思いがけなき患者に遭《そう》遇《ぐう》した。予は一日郷里《にちきょうり》に住む一高官《こうかん》の令嬢《れいじょう》を往診《おうしん》する事《こと》となった。この娘《むすめ》は時折《ときおり》激烈《げきれつ》なヒステリーが発作《ほっさ》し、しかもその症状《しょうじょう》は病理学上《びょうりがくじょう》よりも、

頭注版㊲一〇一頁
『天使の言葉』 昭和七年、『甘露の法雨』の「生長の家」の項として『生長の家』誌に発表されたが、後に『天使の言葉』と命名され、独立した聖経となった
大医 権威ある医師
ロンブロゾー博士 Cesate Lombroso 一八三六〜一九〇九年。イタリアの精神病学者。犯罪人類学の創始者
転位 位置が変わること
セブラユー博士 Chevreuil, Leon 一八五二〜一九三九年。フランスの心霊主義者、画家、作家
『死後の運命』 松原傳吾による邦訳は大正十年、日本評論社出版部刊
予 われ。余
病理学 病気の種類や本態を研究する学問

生理学上《せいりがくじょう》よりも説明《せつめい》し難《がた》いものであった。即《すなわ》ちその発作《ほっさ》に臨《のぞ》んでは全《まった》く視《し》覚《かく》を失うと同時《どうじ》に耳を以《もっ》て物《もの》を見ることが出来《でき》、目には目隠《めかく》しを施《ほどこ》しているにもかかわらず、耳の前《まえ》に翳《かざ》した数行《すうぎょう》の印刷物《いんさつぶつ》を読《よ》み得《う》るのである。試《こころ》みに拡大鏡《かくだいきょう》を以《もっ》て耳腔内《じこうない》に日光《にっこう》を反射《はんしゃ》せしむると、さも眩《まぶ》しげにしながら『目が潰《つぶ》れてしまう』と叫《さけ》び、尚《なお》この発作中《ほっさちゅう》には自分《じぶん》の周囲《しゅうい》に起《おこ》るべき一切《いっさい》の事《じ》件《けん》を予言《よげん》し、しかもその予断《よだん》は極《きわ》めて数理的《すうりてき》に正確《せいかく》なものがあった。尚《なお》、この感覚《かんかく》の転位《てんい》は到《いた》る処《ところ》に起《おこ》ったのである。この事実《じじつ》は無論現在《むろんげんざい》のことではないが、実《じつ》に奇怪《きかい》の症状《しょうじょう》といわざるを得《え》ない。予《よ》は当時心中《とうじしんちゅう》に思えらく、今《こん》日《にち》の生理学や病理学では到底《とうてい》この説明《せつめい》は難《むつ》かしい。将来心霊学《しょうらいしんれいがく》の発達《はったつ》によって、真理《しんり》の開発《かいはつ》さるる折《おり》を待つの外《ほか》あるまい。」ロンブロゾー博士《はくし》はいっているのである。或《あ》る人《ひと》は、そういう異常現象《いじょうげんしょう》を以《もっ》て人間全体《にんげんぜんたい》に類推《るいすい》して行《ゆ》くのはいけないと抗議《こうぎ》する場合《ばあい》もあるが、かかる異常現象は常人《じょうじん》の域《いき》を超《こ》えて心的能力《しんてきのうりょく》が一層《いっそう》強く発現《はつげん》した場合であるから、しかもやはり人間《にんげん》に

生理学　生物の体の働きを研究する学問

予断　前もって判断すること

数理的　数学の理論として

思えらく　思うことには

類推　似た点に基づいて、他のことを推し測ること

発現　あらわれ出ること

於《お》いて発現《はつげん》した実例《じつれい》であるから、人間《にんげん》を鼓舞《こぶ》して、常人《じょうじん》を超《こ》ゆる域《いき》に達《たっ》すべき鼓舞鞭撻《こぶべんたつ》の言葉として用《もち》いる場合《ばあい》には、人間の成《な》し得《え》たる限《かぎ》りの能力《のうりょく》の最高限度《さいこうげんど》の実例を挙《あ》げて、我等《われら》の能力を出来《でき》るだけ強き程度《ていど》に発現する機会《きかい》を与えることが肝要《かんよう》なのである。

四月十二日

大脳《だいのう》を除去《じょきょ》した鶏《にわとり》は食物《しょくもつ》を漁《あさ》ることは出来ないが、穀物《こくもつ》をその嘴《くちばし》に入れてみると、やはり嚥下《えんか》する。蛙《かえる》の心臓《しんぞう》を切りとって塩水中《えんすいちゅう》に置けば、暫《ざん》時《じ》心臓は生活《せいかつ》を続けて、その鼓動《こどう》を続ける。これは意識《いしき》は脳髄《のうずい》から発現するものではなく、脳髄も胃腸《いちょう》も心臓も「意識」のラジオ・セットに過《す》ぎないことを物語《ものがた》っているのである。意識の本体《ほんたい》は別《べつ》にあって、それが大脳にも、胃腸にも心臓にも感応《かんのう》して、同一《どういつ》リズムの生活現象《せいかつげんしょう》を連絡的《れんらくてき》に継続《けいぞく》するのである。人体全体《じんたいぜんたい》は大小各種《だいしょうかくしゅ》のラジオ・セット（各器官《かくきかん》）が同一放送《どういつほうそう》を受けて

鼓舞　気持ちが奮い立つよう励ますこと
鞭撻　むち打つように強く励ますこと

頭注版㊲一〇二頁

嚥下　物をのみ下すこと
暫時　しばらくの間
鼓動　心臓が規則的に動いて胸に響きを伝えること
感応　心身が感じとり、それに反応すること

一大交響楽《いちだいこうきょうがく》を奏《そう》しているようなものである。唯《ただ》、その各《かく》ラジオ・セット（各器官《きかん》）は独立《どくりつ》したものではなく、複雑《ふくざつ》に連絡《れんらく》しているので、器官相互《きかんそうご》の連絡が断《た》たれたとき、各セットの機能《きのう》が完全《かんぜん》に行《おこな》えなくなり、各セットに、生命《せいめい》の放送《ほうそう》の波《なみ》が再現《さいげん》しなくなるだけである。この現象《げんしょう》を「死」というが、「生《せい》命《めい》」そのものは死んだのではなく、「人間《にんげん》」そのものは死んだのではなく、ただ「人間」が利用《りよう》していたラジオ・セットが破壊《はかい》しただけである。

尤《もっと》も、肉体《にくたい》なるラジオ・セットの製造者《せいぞうしゃ》は誰《たれ》であるかというと、『甘露《かんろ》の法雨《ほうう》』にある通《とお》り、「生命《せいめい》」（人間それ自身《じしん》）である。肉体はその「生命《せいめい》」が「念《こころ》の糸を組合《くみあわ》せて」作ったものではあるが、それが小さい故障《こしょう》である場《ば》合《あい》には再《ふたた》び「念《こころ》の糸」で修繕《しゅうぜん》して再用《さいよう》する。しかし、大《だい》なる損傷《そんしょう》であって、「念《こころ》の糸」で補填《つぎはぎ》するよりも、新《あらた》に根本《こんぽん》から「念《こころ》の糸」で編《あ》み直《なお》しをする方《ほう》が便宜《べんぎ》であり、その方《ほう》が環境《かんきょう》も位置《いち》も変化《へんか》して「生命《せいめい》」それ自身進化《じしんしんか》に都合《つごう》の好《よ》い場合には、「生命《せいめい》」は、その「肉体」なるラジオ・セットをそこで修繕《しゅうぜん》しないで、新《あらた》なる位置《いち》(胎内《たいない》)を物色《ぶっしょく》してそこにラジオ・セット(肉《にく》体《たい》)を、「念《こころ》の糸」を組合《くみあわ》せて造築《ぞうちく》し始《はじ》めるのである。

人間《にんげん》に死はない。この事《こと》が本当《ほんとう》にわかれば人類《じんるい》は歓喜《かんき》する。

四月十三日

三界唯心《さんがいゆいしん》、ただ我《わ》が心に描《えが》くものだけが現象界《げんしょうかい》に顕現《けんげん》するのである。これが根本真理《こんぽんしんり》である。

この根本真理に出発《しゅっぱつ》するとき如何《いか》に多くの愚《おろ》かなる人々《ひとびと》が、自分《じぶん》の欲《ほっ》しないところの不幸《ふこう》を心に描《えが》いていることであろう。彼等《かれら》は不幸を好《この》まないでいながら、その実《じつ》、心の世界《せかい》で不幸を製造《せいぞう》しているのである。

不幸なる人《ひと》に、「あなたの不幸はあなたが自分で製造したのですよ。そして今《いま》も現《げん》に製造しつつあるのですよ」というならば、過去《かこ》の不幸は或《あるい》は自身《じしん》の過去の行為《こうい》で自分が製造したのかも知れないと反省《はんせい》するかも知れないけれ

胎内　妊娠した母親のおなかの中
物色　多くの中から人や物や事をさがすこと
造築　建物などをつくること

頭注版㊲一〇四頁

ども、現《げん》に唯今《ただいま》そのような不幸《ふこう》を製造《せいぞう》しつつはいないと思って不思議《ふしぎ》に思うのであろう。

彼《かれ》は自分《じぶん》の行為《こうい》が、行為の上《うえ》に於《お》ける失敗《しっぱい》が、唯一《ゆいいつ》の不幸の原因《げんいん》だと思っているのだけれども吾々《われわれ》の行為は結果《けっか》であって原因ではないことを知らなければならないのである。失敗の行為が生《う》み出《だ》される以前《いぜん》に、心の中《なか》に製造されていた失敗があるのである。心の中《なか》に製造されない失敗が外《そと》に行為として顕《あらわ》れ得《え》ないことは、未《いま》だかつて妊娠《にんしん》しない胎児《たいじ》が出産《しゅっさん》することがないのと同じことである。

では吾々《われわれ》は「不幸」という好《この》ましくない胎児をいつ妊娠するのであろうか。それは常《つね》に吾々《われわれ》が「不幸」を心に描《えが》く毎《ごと》に「心の法則《ほうそく》」の胎《はら》の中《なか》に妊娠せしめるのである。「吾々《われわれ》は『不幸よ来《きた》れ』とは一度《ど》も心に描《えが》いたことはない」とその人《ひと》は抗弁《こうべん》するであろう。然《しか》り、彼らは「不幸よ来《きた》れ」とは一度も心に描《えが》かないけれども、彼等《かれら》は、もう既《すで》に過去《かこ》になってしまった損害《そんがい》を、傷《いた》

胎児 母体内で生育中の子

然り その通り

手《で》を、迫害《はくがい》を、虐遇《ぎゃくぐう》を、不幸《ふこう》を、残念《ざんねん》さを、怨恨《うらみ》を、憎《にく》みを、常《つね》に心に描《えが》いて自分自身《じぶんじしん》を苦しめているのである。これらは心の世界《せかい》に「不幸」を今現《いまげん》に製造《せいぞう》しつつあるものであるから、やがて現実《げんじつ》の世界に「不幸」が産出《うみだ》されて現《あらわ》れ出《で》るのである。過去《かこ》は既《すで》に過《す》ぎ去《さ》ったのだ。過去の「不幸」を現在《げんざい》の「心の世界」に妊娠《にんしん》せしむるな。「持越《もちこ》し苦労《くろう》」はただ損《そん》するほかの何物《なにもの》でもないのである。

「持越《もちこ》し苦労《くろう》」の愚《おろ》かさにも劣《おと》らず愚かなるものは「取越《とりこ》し苦労《くろう》」である。未来《みらい》に起《おこ》るであろう損失《そんしつ》を心に描《えが》いて恐《おそ》れること、未来に起《おこ》るかも知れぬ不幸を心に描《えが》いて恐れること——かく「取越《とりこ》し苦労《くろう》」をすることは「取越《とりこ》し苦労《ろう》」をしているその現在の心の悩《なや》み、肉体《にくたい》の苦しみが甚《はなは》だしいばかりでなく、かく「取越《とりこ》し苦労《くろう》」をすることによって、未来の創造力《そうぞうりょく》の沃地《よくち》に「不幸」というものの心的種子《しんてきたね》を播《ま》いていることになっているのである。播《ま》いた種子《たね》は必《かなら》ず生《は》える——かくすることによって吾々《われわれ》は現在を苦しいものとしな

虐遇　むごい扱い

沃地　地味が肥えていて、作物がよく実る土地

かくする　このようにする

がら、未来《みらい》の胎内《たいない》に「不幸《ふこう》」を妊娠《にんしん》せしめつつあるのである。

過去《かこ》にありしものをしてそのまま過《す》ぎ行《ゆ》かしめよ。未来に来《きた》るべき運命《うんめい》を吾々《われわれ》は美しく着飾《きかざ》りて来《きた》れる新婦《はなよめ》として迎《むか》えよう。吾等《われら》にとって「現在《げんざい》」というものは、何《なん》でも自由《じゆう》に生《う》み出《だ》す魔法袋《まほうぶくろ》のようなものである。

渋面《じゅうめん》して来《く》る児童《じどう》は横面《よこつら》を更《さら》に叩《たた》かれ、微笑《ほほえ》みて迎《むか》える児童には、買物《かいもの》の包《つつみ》を開《ひら》いてその美しきお土産《みやげ》を与えて下《くだ》さるのが運命の女神《めがみ》であるのである。

四月十四日

そんな事《こと》は、何《なん》でもないじゃないか。悪《あ》しく見えるものはそう見えるだけ。神は悪《あ》しき物《もの》を作らないのだ。本当にあるものは善《よ》いものばかりであるのだ。吾《わ》が前《まえ》に、すべてのものは美しく且善《かつぜん》である。

頭注版㊲一〇六頁

四月十五日

「あれが欲《ほ》しい」と思ったが得《え》られないとて歎《なげ》くな。あの電車《でんしゃ》に乗っていたら衝突《しょうとつ》していたのだからね。

「あれが欲しい」と思って成就《じょうじゅ》する時《とき》としない時との区別《けじめ》はそこにある。

こんな時に神から離《はな》れる者《もの》は永久《えいきゅう》に本当の幸福を摑《つか》むことは出来《でき》ないものである。

頭注版㊲一〇六頁

四月十六日

「山頂《さんちょう》に達《たっ》しないでも、麓《ふもと》の一歩《いっぽ》一歩にも星の光《ひかり》は射《さ》す。」どこにいても神を拝《はい》することは出来るのである。何処《いずこ》にも天国《てんごく》がある。渓川《たにがわ》のせせらぎに宿《やど》る星の光にも、草の葉末《はずえ》の露《つゆ》に宿る星の光にも天国は宿っている。どんな茅《あばら》屋《や》にも美《び》があるが故《ゆえ》に、或《あ》る種《しゅ》の画家《がか》は好《この》んで賤《しず》が伏屋《ふせや》の美を描《えが》き、彫刻《ちょうこく》

頭注版㊲一〇七頁

葉末　葉の先端
茅屋　茅葺き(かやぶき)の粗末な家
賤が伏屋　身分が低くて卑しい者が住む粗末な家

家《か》はそれほど美人《びじん》でもない婦人《ふじん》の裸体像《らたいぞう》を堂々《どうどう》と出品《しゅっぴん》し、ロダンは殊更《ことさら》に「鼻欠《はなか》けの像《ぞう》」を彫刻《ちょうこく》する。

四月十七日

見えない間《あいだ》に生長《せいちょう》する。進歩《しんぽ》が今眼《いまめ》に見えなくとも生命《せいめい》は必《かなら》ず前進《ぜんしん》しているのである。今爛漫《いまらんまん》と咲いている桜花《おうか》も、実《じつ》は枯木《かれき》の如《ごと》く見えていた冬の日にその「花の美《び》」を貯《たくわ》えていたのである。

沈滞期《ちんたいき》に本当《ほんとう》に沈滞《ちんたい》してしまったと思って、悲観《ひかん》してその生長を続けない桜《さくら》の木は枯《か》れてしまうのである。人間《にんげん》も亦《また》かくの如《ごと》きものである。

沈滞期に屈《くっ》せざる心の明るさと、努力《どりょく》を継続《けいぞく》せしむる意志《いし》の力《ちから》と、その意志の力を持続せしむる感激《かんげき》の押出《おしだ》す力とを失わない者《もの》はついに大成《たいせい》するのである。

事業《じぎょう》を成《な》すのも、道《みち》を成《じょう》ずるのも同じことである。

ロダン François-Auguste-René Rodin 一八四〇～一九一七年。フランスの彫刻家。「近代彫刻の父」とされる。代表作は「地獄の門」「考える人」など

「鼻欠けの像」 一八六四年にロダンがサロンに出品した作品「鼻のつぶれた男」 頭注版㊲一〇七頁

沈滞期 とどこおって進歩や発展がない時期

大成 学問、技芸、事業など、ある方面で立派な業績を成し遂げてすぐれた人となること

「海の波《なみ》のごとく動揺《どうよう》するものは風にさらわれて打ち上げられん。」

四月十八日

たえず人《ひと》に温熱《おんねつ》を供給《きょうきゅう》する太陽《たいよう》は熱《ねつ》が減《へ》って段々貧弱《だんだんひんじゃく》になってしまうかと思えば、事実《じじつ》は反対《はんたい》でいよいよ益々《ますます》その熱量《ねつりょう》が殖《ふ》えて行《ゆ》くのだと最近《さいきん》の天文学《てんもんがく》は教《おし》えている。

たえず人を饒益《にょうやく》し、たえず人に愛行《あいぎょう》を行《おこな》う人も太陽の如《ごと》く益々《ますます》自分《じぶん》が殖《ふ》えるのである。

自分はこれだけ利益《りやく》を貰《もら》ったから信心《しんじん》を止《や》めようというような人があったら、それは自分はもうこれだけ太陽から温熱を受け、太陽の熱というものはよく解《わか》ったから太陽系統《たいようけいとう》を去ろうと思うという地球《ちきゅう》のようなものである。

地球は太陽の恵《めぐ》みを解《わか》るために太陽系統に属《ぞく》しているのではない。太陽系統を実践《じっせん》するために太陽系統に属しているのである。

頭注版㊲一〇八頁

饒益　仏教語。慈悲の心をもって衆生に恵みを与えること

今《いま》まで受けた温熱《おんねつ》を次へ次へと送るので地上《ちじょう》の万物《ばんぶつ》は育つのである。報恩《ほうおん》とはかくの如《ごと》きものである。報恩のあるところに万物《ばんぶつ》は栄《さか》える。

四月十九日

鶯《うぐいす》が啼《な》いている。実《じつ》に澄《す》んだ声《こえ》で啼《な》いている。玲瓏《れいろう》たる声だ。どこにも汚《けが》れの感《かん》じられない声だ。それは雌雄呼《しゆうよ》び交《かわ》す声であるのに何《なん》の卑猥《ひわい》も感じない。天地《てんち》そのものの讃歌《さんか》のように聞《きこ》えるのは何故《なぜ》であろう。それは鶯《うぐいす》には我《が》が無《な》いからだ。天地の生命《せいめい》と一枚《まい》になっているからだ。

梅の花が馨《かお》っている。清浄《せいじょう》そのものの匂《にお》いよ！　その一輪《りん》一輪の浄潔《じょうけつ》とでも浄厳《じょうごん》とでもいいたいような花びら、雌蕊《めしべ》、雄蕊《おしべ》の美しさには何《なん》らの卑《ひ》猥《わい》の影《かげ》もとどめない。

それだのに植物学者《しょくぶつがくしゃ》はその花はやはり雌雄呼《しゆうよ》び交《かわ》すための装《よそお》いでしかないと教《おし》える。

頭注版㊲一〇九頁

卑猥　品がなく下品でみだらなさま

馨る　芳香を放つ。よいにおいがする

浄潔　清浄でけがれのないこと

人間《にんげん》ひとり、男女《だんじょ》呼び交《かわ》すことを卑猥《ひわい》に感《かん》ずるというのは、人間には我《が》があって、天地《てんち》の生命《せいめい》と一枚《まい》にならないからである。エデンの楽園《らくえん》を追放《ついほう》せられたのはアダムとイヴとが、知恵《ちえ》の樹《こ》の果《み》を食べたからだと言う。

天地の生命《せいめい》と一枚になり切らないで、色々《いろいろ》と人間の理窟《りくつ》で考える、打算《ださん》で考える、欲《よく》で考える、そこに純潔《じゅんけつ》であるべきはずの恋愛《れんあい》が不浄《ふじょう》なものとして感じられて来る。

自分《じぶん》の快楽《かいらく》のために楽しもうと思って性欲《せいよく》を扱《あつか》うから、性欲が汚《けが》れたものに見えて来る。

四月二十日

イタリーの彫刻家《ちょうこくか》チェリーニは或《あ》る事件《じけん》で法王《ほうおう》のためにサン・アンジェロ城《じょう》に禁錮《きんこ》せられた。彼《かれ》は悲しんで自殺《じさつ》しようとした瞬間《しゅんかん》、或《あ》る不思議《ふしぎ》な見えない力《ちから》が突然《とつぜん》彼の身体《からだ》を捉《と》えて一間《けん》ばかり投げとばしたのでチェリーニ

アダムとイブ　『旧約聖書』「創世記」に記される人類の始祖

知恵の樹の果　『旧約聖書』「創世記」第三章に記されている、善悪を知る木の実。本全集第十九巻「万教帰一篇」上巻第一章参照

打算　損得の計算

純潔　けがれがなく清らかなこと

不浄　清浄でないこと

頭注版㊲一一〇頁

チェリーニ　Benvenuto Cellini　一五〇〇～一五七一年。ルネサンス期のイタリアの画家、彫刻家、音楽家、金細工師。没後一五〇年以上を経て自伝が出版された

法王　ローマ・カトリック教会の最高首長。ローマ教皇。バチカン市国元首。ここではパウルス三世

は気絶《きぜつ》した。その晩《ばん》、夢《ゆめ》に不思議《ふしぎ》な青年《せいねん》が現《あらわ》れてチェリーニに自殺《じさつ》を思《おも》い止《とど》まるように説教《せっきょう》したので、チェリーニは遂《つい》に自殺を思《おも》い止《とど》まったのだという。神秘《しんぴ》な力《ちから》は存在《そんざい》するものなのである。唯物論《ゆいぶつろん》では、生命《せいめい》の世界《せかい》は判《わか》らない。

四月二十一日

英国《えいこく》の文豪《ぶんごう》ディッケンズは『エドウィン・ドウロッドの秘密《ひみつ》』という小説《しょうせつ》を書きかけて死んだ。その後《ご》四年《ねん》になって、米国《べいこく》のジェームズという霊媒《れいばい》――しかも彼《かれ》は無学《むがく》であった――がディッケンズの霊魂《れいこん》が憑《の》り依《うつ》ったのだと称《しょう》してその小説の後半《こうはん》を書いた。その文体《ぶんたい》なり、筆蹟《ひっせき》なり、著《いちじる》しくディッケンズに似《に》ていたという。

私はオスカー・ワイルドの霊魂が憑《の》り依《うつ》って書いたという自動書記《じどうしょき》の霊界《れいかい》通信《つうしん》を蒐《あつ》めた本を持っている。それには生前《せいぜん》のワイルドの筆蹟と霊界通信の

サン・アンジエロ城　ローマのテヴェレ川右岸にある城塞。監獄や避難所としても使われた

禁錮　閉じ込めること。幽閉

一間　約一八〇センチメートル

頭注版㊲一一〇頁

ディッケンズ　Charles Dickens 一八一二～一八七〇年。イギリスの小説家。代表作は『オリバー・トウィスト』『クリスマス・キャロル』等

霊媒　日常の世界と霊の世界を媒介する特殊な能力を持つ人

オスカー・ワイルド　Oscar Wilde 一八五四～一九〇〇年。アイルランド出身の詩人、作家、劇作家。耽美的作家として知られる。『獄中記』『サロメ』などの著作がある。本全集第三十一巻「自伝篇」上巻参照

文字《もじ》とが比較《ひかく》して写真版《しゃしんばん》に撮《と》られているが、筆跡が極《きわ》めて近似《きんじ》している。

肉体《にくたい》は人間《にんげん》ではない、人間の操縦機関《そうじゅうきかん》であったに過《す》ぎないのだ。

四月二十二日

一九一七年発行《ねんはっこう》『心理学報告《しんりがくほうこく》』にはこんなことが書いてある。催眠術《さいみんじゅつ》の大家《たいか》アルルッツが試《こころ》みた催眠術の実験《じっけん》についてである――

「被術者《ひじゅつしゃ》は不透明《ふとうめい》な外套《がいとう》のようなもので覆《おお》われ、耳には綿《わた》をつめられ、（註《ちゅう》、五官《ごかん》の視覚及《しかくおよ》び聴覚《ちょうかく》により何《なに》が行《おこな》われるかを知らしめないようにしたのである）そして一枚《まい》の厚《あつ》い硝子板《ガラスいた》を一方《いっぽう》の腕《うで》の前方《ぜんぽう》に掲《かか》げ置《お》いた。こうして被術者を催眠状態《さいみんじょうたい》に誘導《ゆうどう》して後《のち》、その硝子板《ガラスいた》に向けて触手法《パッス》を行《おこな》った。するとその側《がわ》の腕は知覚《ちかく》を脱出《だっしゅつ》し、その反対《はんたい》の側《がわ》の腕には知覚が増大《ぞうだい》した。このような結果《けっか》はかかる操作《そうさ》がどんな結果になるだろうという事《こと》を予期《よき》しない場合《ばあい》も同様《どうよう》に起《おこ》った。アルルッツはその被術者は、どんな感覚《かんかく》からも、触手《パッス》

自働書記　自分で内容を意識しないまま、意味をもった文章がつづられる現象

写真版　写真や絵画の複製印刷で、原画の濃淡を網目状の点の大小で再現する製版方法。網目版

頭注版㊲一一一頁

被術者　手術や催眠術などを受ける人

外套　防寒のために着用するコートやマントなど

パッス　pass　催眠術をかける際の手の動き

を如何《いか》に行《おこな》っているか、その事情《じじょう》の端緒《たんちょ》さえも感知《かんち》することが出来《でき》ないようにしてあったし、触手《パッス》に対《たい》する先入的知識《せんにゅうてきちしき》は何《なに》も与えてなかったと信じている。従《したが》ってアルルッツは触手《パッス》によって起《おこ》る被術者《ひじゅつしゃ》の腕《うで》の感覚《かんかく》の異状《いじょう》は、術者《じゅつしゃ》の手から放射《ほうしゃ》する一種《いっしゅ》の神経《しんけい》エネルギーに基《もと》くものであると考えている。」

手から放射する神経エネルギーとは生長《せいちょう》の家《いえ》でいっている生命磁気《せいめいじき》である。人体《じんたい》とは「生命《せいめい》」の考案製作《こうあんせいさく》せる腹腔《ふくこう》という容器《ようき》に内臓《ないぞう》という電解成分《でんかいせいぶん》を容《い》れたる一種の電池装置《でんちそうち》であると観《み》る場合《ばあい》には、両手《りょうて》はその電池《でんち》の両極《りょうきょく》であるし、人体を馬蹄型磁石的装置《ばていけいじしゃくてきそうち》であると見る場合には、両手は磁石《じしゃく》の両極である。従って両手に於《お》て「生命《せいめい》」の電磁気的作用《でんじきてきさよう》が他《た》の部分《ぶぶん》より強力《きょうりょく》なることは有《あ》り得《う》べきことである。ともかく、人体は帯電生物《たいでんせいぶつ》であることは、赤血球沈降反応《せっけっきゅうちんこうはんのう》(赤沈反応《せきちんはんのう》)によっても明《あきら》かであるし、早大心理学教室《そうだいしんりがくきょうしつ》の嘘発見器《ライ・デテクター》の電気計《でんきけい》に於《お》ける指示電波《しじでんぱ》の変化《へんか》によっても分《わか》るのである。

端緒　糸口。ことの始まり

先入的　前もって持っている考えによって柔軟な思考が妨げられるさま

術者　霊的なわざや術をかける人

生命磁気　人体から放出されている磁気。プラナ

腹腔　哺乳類の腹部の横隔膜より下で骨盤腔に至る部分。胃や腸などの消化器官や腎臓・肝臓等、多くの内臓がある

電解成分　直流電流による化学変化で分解した物質の成分。「電解」は「電気分解」の略

馬蹄型　馬のひづめに似た形

赤沈反応　血液がガラス管の中を沈むにつれて上部に血漿、下部に赤血球と分離する反応

物質《ぶっしつ》の帯電現象《たいでんげんしょう》は、生命《せいめい》の陰陽調和《いんようちょうわ》が現象界《げんしょうかい》に投影《とうえい》せるものであるから、現象《げんしょう》の陰陽《いんよう》あることを知って、「生命《せいめい》」の陰陽調和を知るべきであり、その調和《ちょうわ》が隠蔽《いんぺい》されることによって現象《げんしょう》の陰陽調和が破《やぶ》れるのである。結《けっ》核病《かくびょう》の赤沈反応《せきちんはんのう》の異常《いじょう》も、心の不調和《ふちょうわ》が反映《はんえい》せることは明《あきら》かであり時《とき》には男女《だんじょ》の不調和の思い、父母《ふぼ》、夫婦《ふうふ》の不調和などの投影であることがある。

四月二十三日

竹はすべて真直《まっすぐ》に成長《せいちょう》するのが本性《ほんせい》であり、藤蔓《ふじづる》は巻《ま》き附《つ》くのが本性《ほんせい》であり、笹芝《ささしば》は地を這《は》うのが本性《ほんせい》である。そのそれぞれに美《び》があり、個性《こせい》があり、個性の中《なか》に天意《てんい》があり、神がある。

竹をして竹たらしめよ。藤蔓《ふじづる》をして藤蔓《ふじづる》たらしめよ。笹芝をして笹芝たらしめよ。藤蔓《ふじづる》をして竹の如《ごと》く真直《まっすぐ》ならしめんとし、竹をして藤蔓《ふじづる》の如《ごと》く巻きつかしめようとする時《とき》、竹も枯《か》れるであろうし、尚一層《なおいっそう》よくないのは、かく

投影　ある物事の影響が他の物事に現れること

頭注版㊲一一二頁

天意　天の意志。神のこころ

外部《がいぶ》から強制《きょうせい》せんとしつつある自分自身《じぶんじしん》が奔命《ほんめい》に労《つか》れて滅《ほろ》んでしまう。人《ひと》をいわゆる「自分《じぶん》の尺度《しゃくど》」で測《はか》って善《ぜん》ならしめようとして、相手《あいて》をそこない、自己《じこ》をそこなっているのはちょうどこれと同じである。

人はその類《るい》の異《こと》なるようにその個性《こせい》も異《こと》り、事物《じぶつ》に対《たい》する観察《かんさつ》も異《こと》なるのである。すべての人々《ひとびと》の観察意見《かんさついけん》を全《まった》く自分と同意見《どういけん》にしてしまおうと思うならば、それは結局不結果《けっきょくふけっか》に終《おわ》るほかはないのである。そして得《う》るところは唯《ただ》、汝自身《なんじじしん》の焦躁疲労《しょうそうひろう》と、相手の人々からの嫌悪《けんお》とに終《おわ》ってしまうのである。誰《たれ》でも他《た》の意見《いけん》に強制されるのは嬉《うれ》しいことではないから、あまり傲岸《ごうがん》に人がその意見を強制する場合《ばあい》は、その人は嫌《きら》われるほかはない。

決《けっ》して相手を縛《しば》って導《みちび》こうとしてはならないのである。自分自身《じぶんじしん》が得《え》ている真理《しんり》で何《なに》か相手にささげる実行的奉仕《じっこうてきほうし》を為《な》しつつ、相手自身《あいてじしん》を相手の思想《しそう》にまかせておくのが好《よ》いのである。相手の「神の子たる善《よ》さ」を信じてその自由《じゆう》にまかせておくのである。かくて人は本当《ほんとう》の自由にまかせられる時《とき》、廻《まわ》

奔命に労れる 忙しく奔走して疲れ果てること

不結果 結果がよくないこと

焦躁 あせって落ち着かないこと

傲岸 おごり高ぶっていばっていること

っている独楽《こま》を触《さわ》らないで自由《じゆう》に委《まか》すとき、心軸《しんじく》を中心《ちゅうしん》として立上《たちあが》るように正しく生きるようになるのである。

四月二十四日

人間《にんげん》は真理《しんり》を知ることによってのみ本当《ほんとう》の自由を得《う》るのである。「真理」とはマコトのコトワリである。マコトとはミコトであり、コトバであり、「真実《ほんと》の事《こと》」であり、実相《じっそう》である。コトワリとはコトバ即《すなわ》ち神より分《わ》け出《いだ》されたる象《かたち》である。即《すなわ》ち「真理を知る」とは、神と神より出《い》でたる一切事物《いっさいじぶつ》の真象即《すなわ》ち実相を知ることである。単《たん》なる現象《げんしょう》即《すなわ》ち仮相にまどわされてはならないのである。仮相《かそう》はどんなに醜《みにく》くそれがあるかの如《ごと》く見えても、仮《かり》の相《すがた》であり、真実《しんじつ》でないから、それはウソの相《すがた》であり、ニセモノの相《すがた》である。ニセモノは本物《ほんもの》ではなく、アルかのように見えてもないのであるから、そんなものに頓着《とんじゃく》することなく、唯《ただ》「実相」のみを実在《じつざい》として、その完全《かんぜん》な

心軸　回転する物の中心となる棒

頭注版㊲一一四頁

頓着　深く心にかけること。気にすること

相《すがた》のみを見るようにして行《ゆ》けばよいのである。かくすれば諸々《もろもろ》の障礙《しょうげ》はおのずから消えてしまい、人間《にんげん》は真《しん》に自由《じゆう》を得《う》るのである。多くの人達《ひとたち》が不幸《ふこう》であり、不自由《ふじゆう》に縛《しば》られているのは、結局《けっきょく》、実在《じつざい》もしない「悪《あく》」とか「不完全《ふかんぜん》」とかをあるかの如《ごと》く考え、それに執《しゅう》し、それに捕捉《ほそく》され、心を混乱《こんらん》に陥《おとしい》れ、外見《がいけん》の「悪《あく》」の渦巻《うずまき》の中《なか》にまき込《こ》まれてしまうからである。そんな時《とき》に「悪《あく》」の存在《そんざい》を見ないで、「起きよ、汝《なんじ》の床《とこ》をとり上げて歩め」と吾《われ》らに棒喝《ぼうかつ》を与えてくれ、巻きこまれた迷《まよ》いの纏絡《てんらく》から切りはなしてくれるのが、「真理《しんり》」のコトバなのである。

四月二十五日

スウェーデンボルグは十八世紀《せいき》の有名《ゆうめい》なる宗教哲学者兼霊能者《しゅうきょうてつがくしゃけんれいのうしゃ》であった。一七六一年《ねん》スウェーデンの女王《じょおう》はスウェーデンボルグの評判《ひょうばん》を聞いてこれを招《まね》き、女王以外《じょおういがい》の生存者《せいぞんしゃ》の誰《たれ》も知らない或《あ》る故人《こじん》に関《かん》する事柄《ことがら》をスウ

障礙　さまたげになること

棒喝　禅宗で、師の僧が修行僧を導くために棒で打つこと

纏絡　まつわり、からみつくこと

頭注版㊲一一五頁

スウェーデンボルグ　Emanuel Swedenborg 一六八八〜一七七二年。スウェーデンの科学者・神学者・神秘主義思想家。科学者としての顕著な功績と共に霊的体験にもとづく著述でも知られる

霊能者　日常世界と霊の世界を媒介することの出来る能力をもつ人

女王　ロヴィーサ・ウルリカ・アヴ・プロイセン。一七二〇〜一七八二年。スウェーデンボルグに死別した弟の思いなどを尋ねた

エーデンボルグに聞いたことがあった。すると数日後《すうじつご》、彼《かれ》は幽界《ゆうかい》と交通《こうつう》してその女王《じょおう》に答《こたえ》を齎《もたら》したのであったが、その答《こたえ》は全《まった》く正しく的中《てきちゅう》していたので懐疑的《かいぎてき》な女王を驚《おどろ》かした。また、同国《どうこく》の首府《しゅふ》に駐在《ちゅうざい》のオランダの使節《しせつ》が死亡《しぼう》した後《のち》、或《あ》る金細工師《きんざいくし》が使節に用達《ようだて》しておいた銀製《ぎんせい》の食器《しょっき》の代価《だいか》を使節の未亡人《みぼうじん》に要求《ようきゅう》して来た。使節未亡人《しせつみぼうじん》は、夫《おっと》がその代価を確《たしか》に支払《しはら》ったかどうか不明《ふめい》であったので、スウェーデンボルグに頼《たの》んで、夫の霊魂《れいこん》を招《よ》び出《だ》してもらってその事実《じじつ》を聞《き》き訊《ただ》すと、夫の霊魂は出て来て「死の七ヵ月前《げつぜん》に支払った。その領収書《りょうしゅうしょ》はどこそこの箪笥《たんす》にある」と答えた。果《はた》してその教《おし》うる通《とお》り箪笥《たんす》の中《なか》から、その領収書が発見《はっけん》されたということは有名《ゆうめい》な歴史的《れきしてき》事実《じじつ》である。

人間《にんげん》は本当《ほんとう》に死んでも死なないものだ。遺族《いぞく》たちよ、この一事《いちじ》を知って頂《いただ》きたい。

幽界　この世と霊界との間に位置するとされている世界
懐疑的　物事を疑いの目で見るさま
用達　品物を納めること
代価　代金

四月二十六日

本当《ほんとう》の幸福《こうふく》は淡々《たんたん》たる水の如《ごと》きものである。淡々たる水の如《ごと》き幸福によってのみ魂《たましい》は本当の渇《かつ》を癒《い》やされるのである。どぎつい幸福、有頂天《うちょうてん》な歓喜《かんき》、陶酔的《とうすいてき》な快味《かいみ》は、アイスクリームの如《ごと》く、珈琲《コーヒー》の如《ごと》く、砂糖入《さとうい》りの紅茶《こうちゃ》の如《ごと》く、酒の如《ごと》く、アルコールの如《ごと》く、刺戟《しげき》が強い代《かわ》りにいつまでも渇《かわ》きは続くのである。

淡々たる生活《せいかつ》の本当の幸福の味を知るようになる迄《まで》、人間《にんげん》は彷徨《さまよ》い歩かねばならないであろう。

頭注版㊲一一六頁

淡々　あっさりしているさま
渇を癒やす　水などを飲んで喉のかわきを止めること
有頂天　喜びのあまり我を忘れること
陶酔的　心を奪われてうっとりするさま
快味　気持ちのよい感じ。ここちよさ

四月二十七日

汝《なんじ》の求むるものを先《ま》ず考えよ。考えることはそれが得《え》られる初《はじ》めである。考えた相《すがた》が既にあるとしてその実現《じつげん》にまで努力《どりょく》せよ。供給無限《きょうきゅうむげん》の世界《せかい》に於《お》い

頭注版㊲一一六頁

て、或《あ》る事物《じぶつ》を得《え》ようと思う「思い」が自分《じぶん》の内《うち》に起《おこ》ったことが既《すで》に「自分ならぬ」はからわれである。それを計《はか》らわせ給《たま》いしものに信頼《しんらい》せよ。

四月二十八日

大自然《だいしぜん》に心がなければ、大自然より発生《はっせい》した人間《にんげん》に心を生《しょう》ずるはずがない、人間に心がある事実《じじつ》は、大自然にもまた心がある証拠《しょうこ》である。大自然の心とは――大自然の背後《はいご》にある荘厳《そうごん》なる理念《りねん》そのものである。

四月二十九日

唯物論者《ゆいぶつろんしゃ》から質問状《しつもんじょう》が来る。

唯物論《ゆいぶつろん》は自己撞着《じこどうちゃく》である。それは自己自身《じこじしん》の主張《しゅちょう》を粉砕《ふんさい》する逆説法《ぎゃくせっぽう》である。唯物論を主張するには、そしてその唯物論が正しいということを肯定《こうてい》するためには「心」の存在《そんざい》を予想《よそう》しないでは不可能事《できないこと》である。「心」に正しい

はからわれ　取り計らわれたもの
頭注版㊲一一七頁

荘厳　重々しくおごそかなこと
頭注版㊲一一七頁

自己撞着　自分の発言が前後で食い違い、つじつまが合わないこと

ものを肯定《こうてい》する能力《のうりょく》があるという前提《ぜんてい》が無《な》ければ、唯物論《ゆいぶつろん》さえも主張《しゅちょう》し難《がた》いであろう。

四月三十日

ああ驚嘆《きょうたん》すべきかな、自然《しぜん》の過程《かてい》が驚《おどろ》くべき数学的精確《すうがくてきせいかく》さを保《たも》てることよ。あらゆるエネルギーの法則《ほうそく》、エネルギーの交換《こうかん》、化学的結合分解《かがくてきけつごうぶんかい》悉《ことごと》く一定《いってい》の法則に支配《しはい》されている。これを見るも、この世界《せかい》が単《たん》なる精神《せいしん》なき物《ぶっ》質《しつ》の集合《しゅうごう》だとどうしていえよう。何故《なぜ》この世界の一切《いっさい》の事物《じぶつ》が数学的正確《せいかく》なる法則に支配されているのだろうか。それは物質はいわゆる「物質」に非《あら》ず「理念《りねん》」の表現《ひょうげん》であるからである。「物質なし」とは常識的捉《じょうしきてきとら》われの物《ぶっ》質観《しっかん》を破摧《はさい》して、一挙《いっきょ》に背後《はいご》の理念を摑《つか》ましめんがための喝《かつ》であったのである。ここに於《おい》て「一切のものに和解《わかい》せよ」「一切のものに感謝《かんしゃ》せよ」の教《おし》えが生きて来るのである。

頭注版㊲一一七頁

精確 精密で確かなこと

破摧 破りくだいてこわすこと

第五十九巻索引

＊頻度の多い項目は、その項目を定義、説明している箇所を主に抽出した。
＊関連する項目は→で参照を促した。
＊一つの項目に複数の索引項目がある場合は、一部例外を除き、一つの項目にのみ頁数を入れ、他の項目には→のみを入れ、矢印で示された項目で頁数を確認できるよう促した。(例　「神の愛」「宇宙生命」等)

〔あ〕

〔い〕

〔う〕

〔え〕

〔お〕

〔か〕

〔さ〕

〔し〕

〔す〕

〔せ〕

〔そ〕

〔た〕

〔ち〕

〔つ〕

〔て〕

〔と〕

〔な〕

〔に〕

〔ね〕

〔の〕

〔は〕

〔ひ〕

〔ふ〕

〔へ〕

〔ほ〕

〔ま〕

〔み〕

〔ゆ〕

〔よ〕

〔ら〕

〔り〕

〔る〕

〔れ〕

〔ろ〕

〔わ〕

箴言・真理の言葉

新編《しんぺん》　生命《せいめい》の實相《じっそう》　第五十九巻　幸福篇《こうふくへん》

日輪《にちりん》めぐる（上）

令和五年十一月一日　初版発行

著　者　谷口雅春《たにぐちまさはる》

責任編集　公益財団法人 生長の家社会事業団
谷口雅春著作編纂委員会

発行者　白水春人

発行所　株式会社 光明思想社
〒一〇三—〇〇〇四
東京都中央区東日本橋二—二七—九　初音森ビル10F
電話〇三—五八二九—六五八一
郵便振替〇〇一二〇—六—五〇三〇二八

装　幀　松本 桂

本文組版　ショービ

印刷・製本　TOPPAN株式会社

カバー・扉彫刻　服部仁郎作「神像」©Iwao Hattori,1954

ISBN978-4-86700-050-2